高等职业院校公共课系列精品教材

大学生就业与创业指导

罗 晨 柯 梁 黄 娟 主 编

琚丽华 曾 芯 叶 筠
黄晓丹 贺雅静 詹 晗　副主编

电子工业出版社
Publishing House of Electronics Industry
北京·BEIJING

内 容 简 介

本书依据《大学生职业发展与就业指导课程教学要求》编写，较为全面地介绍了大学生就业形势与政策、大学生就业准备、大学生就业心理分析、大学生就业途径与求职方式、大学生求职技巧与职场礼仪、大学生职业适应、大学生就业权益与保障、大学生自主创业等内容。全书内容丰富、系统、全面，讲解通俗、易懂、清晰。

本书可用于高职高专各专业"就业与创业指导"课程的教学，也可作为高等院校相关教职人员的参考书；还可以供有志于确立自己人生规划、提高自己就业与创业能力的广大青年朋友阅读。

未经许可，不得以任何方式复制或抄袭本书之部分或全部内容。
版权所有，侵权必究。

图书在版编目（CIP）数据

大学生就业与创业指导 / 罗晨，柯梁，黄娟主编. —北京：电子工业出版社，2023.3
ISBN 978-7-121-45178-2

Ⅰ．①大… Ⅱ．①罗…②柯…③黄… Ⅲ．①大学生－职业选择 Ⅳ．①G647.38

中国国家版本馆 CIP 数据核字（2023）第 040999 号

责任编辑：薛华强　　　特约编辑：李　红
印　　刷：三河市华成印务有限公司
装　　订：三河市华成印务有限公司
出版发行：电子工业出版社
　　　　　北京市海淀区万寿路 173 信箱　　邮编：100036
开　　本：787×1092　1/16　印张：12　字数：322.6 千字
版　　次：2023 年 3 月第 1 版
印　　次：2023 年 3 月第 1 次印刷
定　　价：46.80 元

凡所购买电子工业出版社图书有缺损问题，请向购买书店调换。若书店售缺，请与本社发行部联系，联系及邮购电话：（010）88254888，88258888。
质量投诉请发邮件至 zlts@phei.com.cn，盗版侵权举报请发邮件至 dbqq@phei.com.cn。
本书咨询联系方式：（010）88254569，xuehq@phei.com.cn。

前　言

大学毕业生是巨大的人力资本，拥有丰富的专业知识和积极进取的拼搏精神，是国家和社会的宝贵财富，也是国家现代化建设的主力军。随着我国高等院校的扩招，大学毕业生人数大幅增加，2023年全国高校毕业生总数达到1158万人，同比增加82万人，就业形势一年比一年严峻。因此，对大学生进行就业与创业指导，对于提升大学生综合素质和个人竞争实力，帮助大学生顺利就业和促进社会发展有着十分重要的意义。

对当代大学生开展有效的就业指导，不仅有利于大学生树立正确的人生观、价值观和世界观，合理确立就业预期，缓解就业压力，而且有利于大学生综合素质的培养，以便使大学生更加适应经济和社会发展的需要。大力加强就业指导工作是时代的需要，也是大学生的渴望。积极开展大学生就业指导工作，对大学生就业工作进行深层次的理性思考具有特别重要的意义。

大学就业指导工作应该充分考虑不同行业、不同地区分别有各自的特殊性，真正做到有的放矢，让大学生学有所用，为今后的顺利就业打下坚实基础。

本书以全面提升大学生综合素质和就业能力为宗旨，结合当前的就业形势和政策，以及高等教育改革和现代职业发展的特点，把就业指导贯穿于大学生活的始终，以创建一个全新的大学生就业指导体系。

作为大学生就业指导的教材，与目前市场上的其他同类教材相比，本书具有以下特点。

内容切合实际：本书在当前大学生就业与创业形势较为严峻的情势下，从大学生的就业形势与政策、就业准备、就业心理、就业途径与求职方式、求职技巧、职场礼仪、就业权益与保障、创业能力等方面进行全面阐述，引导大学生树立并培养职业规划、就业、角色适应、创业等方面的意识与能力。

案例丰富具体：在每章开篇有案例导入，在每章正文中穿插个案研究、身边的故事等内容，以加深对重点问题和难点问题的理解与掌握；同时穿插部分知识拓展，介绍当今的一些新趋势和观点，开阔视野。

理论结合实践：本书强化了系统思考，突出了分析方法等实践性较强且又非常实用的内容，同时结合人生规划、学习规划以及成功创业的实际案例，可以较好地满足应用型和技能型人才培养的需要。

本书由罗晨、柯梁、黄娟担任主编，余德润担任主审，琚丽华、曾芯、叶筠、黄晓丹、贺雅静、詹晗担任副主编，罗晨、黄娟负责全书统稿。第一章由罗晨、詹晗编写，第二章由琚丽华编写，第三章由曾芯编写，第四章由叶筠编写，第五章由黄娟、詹晗编写，第六章由黄晓丹编写，第七章由贺雅静编写，第八章由柯梁编写。

本书的编写参阅了有关的文献资料，在此向原作者表示诚挚的谢意！

写书和出书在某种程度上来说也是一种"遗憾"的事情。由于种种缘由，每每在书稿完成之后，总能发现有缺憾之处，本书也不例外。作者诚恳希望读者在阅读本书的过程中，指出缺点和错误，并提出宝贵的指导意见，这是对作者的最高奖赏和鼓励。我们将在修订或重印时，将大家反馈的意见和建议恰当地体现出来。作者邮箱：476169996@qq.com。在此谢谢广大读者的厚爱！

编　者

目 录

第一章 大学生就业形势与政策 1

第一节 大学生就业形势分析 2
一、大学生就业环境 2
二、大学生就业现状 4
三、大学生应如何树立正确的就业观 5

第二节 大学生就业帮扶政策与措施 7
一、就业政策 7
二、2022年国家促进普通高校毕业生就业政策 8

第三节 毕业生就业服务 13
一、岗位信息服务 13
二、就业指导服务 13
三、签约及去向登记服务 13
四、查询反馈服务 14

思考与练习 14

第二章 大学生就业准备 15

第一节 就业能力准备 15
一、大学生就业能力的内涵 16
二、大学生应具备的主要能力 17
三、大学生就业能力的培养 21

思考与练习 23

第二节 就业信息准备 23
一、就业信息概述 24
二、就业信息对大学生就业的作用 26
三、就业信息的收集 26
四、就业信息的分析处理 29
五、就业信息的应用 30

思考与练习 30

第三节 就业材料准备 31
一、求职材料的内容 32
二、封面的制作 32

三、求职信的撰写 ……………………………………………………………… 32
　　　四、个人简历的制作 ……………………………………………………………… 35
　　　五、相关证明材料 ………………………………………………………………… 40
　思考与练习 ……………………………………………………………………………… 41

第三章　大学生就业心理分析 ………………………………………………………… 43
第一节　大学生就业心理调适 ………………………………………………………… 43
　　　一、大学生就业中常见的心理误区 ……………………………………………… 44
　　　二、大学生产生就业心理误区的原因 …………………………………………… 45
　　　三、大学生就业心理调适 ………………………………………………………… 46
　思考与练习 ……………………………………………………………………………… 49
第二节　大学生就业心理素质 ………………………………………………………… 53
　　　一、心理素质的内涵及特征 ……………………………………………………… 53
　　　二、大学生就业心理素质的内涵 ………………………………………………… 54
　　　三、心理素质对大学生就业的影响 ……………………………………………… 54
　　　四、大学生应具备的就业心理素质 ……………………………………………… 55
　　　五、培养良好的就业心理素质 …………………………………………………… 56
　思考与练习 ……………………………………………………………………………… 57
第三节　大学生职场情商培养 ………………………………………………………… 57
　　　一、情商的概念 …………………………………………………………………… 57
　　　二、情商的特征 …………………………………………………………………… 58
　　　三、情商的重要性 ………………………………………………………………… 59
　　　四、职场中应具备的情商 ………………………………………………………… 59
　　　五、提高情商的途径 ……………………………………………………………… 60
　思考与练习 ……………………………………………………………………………… 62

第四章　大学生就业途径与求职方式 ………………………………………………… 67
第一节　大学生就业途径 ……………………………………………………………… 67
　　　一、就业途径的含义 ……………………………………………………………… 68
　　　二、就业途径的种类 ……………………………………………………………… 68
　　　三、把握就业途径的基本原则 …………………………………………………… 71
　思考与练习 ……………………………………………………………………………… 71
第二节　大学生求职方式 ……………………………………………………………… 72
　思考与练习 ……………………………………………………………………………… 79
第三节　大学生就业流程 ……………………………………………………………… 79
　　　一、高校就业管理的基本流程 …………………………………………………… 80
　　　二、用人单位的招聘流程 ………………………………………………………… 81
　　　三、大学生的择业程序 …………………………………………………………… 82
　思考与练习 ……………………………………………………………………………… 86

第五章　大学生求职技巧与职场礼仪 ... 87

第一节　大学生面试种类和技巧 ... 87
  一、面试的概述 ... 88
  二、面试前的准备 ... 88
  三、面试的种类 ... 90
  四、面试的技巧 ... 90
  五、面试的难点与应对方法 ... 93
  六、面试后的注意事项 ... 94
 思考与练习 ... 95

第二节　大学生笔试种类与技巧 ... 95
  一、笔试的概述 ... 95
  二、笔试的准备 ... 96
  三、笔试的种类 ... 96
  四、笔试的技巧 ... 97
 思考与练习 ... 97

第三节　大学生求职礼仪 ... 97
  一、求职礼仪的概述 ... 98
  二、面试礼仪 ... 98
  三、仪表端庄 ... 98
  四、言谈讲究 ... 99
  五、举止恰当 ... 100
  六、面试后需要注意的礼仪 ... 101
 思考与练习 ... 102

第六章　大学生职业适应 ... 103

第一节　角色适应 ... 103
  一、从大学生到职业人的角色转换 ... 104
  二、大学生完成角色转换的方法 ... 106
  三、大学生如何培养适应职场的能力 ... 108
 思考与练习 ... 109

第二节　职业适应 ... 109
  一、职业适应的主要内容 ... 110
  二、影响大学生职业适应的因素 ... 111
  三、大学生职业适应期的特征 ... 113
  四、大学生职业适应的方法 ... 114
  五、大学生在职业适应中容易出现的问题 ... 117
 思考与练习 ... 125

第七章 大学生就业权益与保障 ... 127

第一节 大学生就业权益概述 ... 127
一、大学生就业权益的基本内容 ... 128
二、大学生就业义务的基本内容 ... 130
三、大学生就业权益产生的背景和特点 ... 131
四、大学生就业权益的维护 ... 131
思考与练习 ... 132

第二节 大学生就业权益的法律保障 ... 132
一、与大学生就业有关的法律法规 ... 133
二、《全国普通高等学校毕业生就业协议书》与劳动合同 ... 134
三、违约责任 ... 138
四、劳动争议的解决 ... 139
五、社会保险的有关知识 ... 141
思考与练习 ... 142

第三节 大学生就业陷阱的防范 ... 142
一、就业陷阱的类型 ... 143
二、就业陷阱的应对措施 ... 146
三、大学生保护个人权益的注意事项 ... 147
思考与练习 ... 148

第八章 大学生自主创业 ... 149

第一节 大学生创业现状与趋势 ... 149
一、大学生创业出现良好态势 ... 150
二、大学生创业难在何处 ... 151
三、影响大学生自主创业的因素和动力分析 ... 151
四、大学生创业的未来发展趋势 ... 152
思考与练习 ... 154

第二节 创业环境和创业机会 ... 154
一、创业环境 ... 155
二、创业环境的分类 ... 156
三、大学生要实现自主创业需要分析的一些创业环境 ... 156
四、创业机会的内涵与特征 ... 158
五、创业机会的来源 ... 159
六、创业机会的评估 ... 160
思考与练习 ... 161

第三节 大学生创业实施 ... 161
一、创业计划书的作用 ... 162

二、创业的基本流程 ··· 163
　　三、创业计划书的制订 ··· 164
　　四、创业计划书的撰写 ··· 165
思考与练习 ·· 168
第四节　大学生创业发展 ··· 168
　　一、企业文化的作用 ·· 169
　　二、企业文化建设的主要内容 ··· 170
　　三、企业创始人与企业文化的形成 ·· 171
　　四、企业文化的传承与发展 ·· 171
　　五、品牌建设的步骤 ·· 172
　　六、初创企业品牌维护 ··· 173
　　七、初创企业品牌营销 ··· 174
　　八、初创企业管理的特殊性 ·· 176
　　九、初创企业的危机管理 ·· 178
思考与练习 ·· 179

第一章

大学生就业形势与政策

思政目标

- 了解大学生就业形势的相关知识。
- 熟悉与大学生相关的就业政策。
- 掌握大学生就业服务流程。

学习目标

- 正确把握当前就业形势，增强紧迫感和责任感。
- 学习如何利用好当前与大学生相关的政策。

案例导入

徐同学在高考填报志愿时一直很犹豫，不知道该选哪一个专业。最后，在家人的建议下他选择了当时热门的"计算机科学与技术"专业。大学3年，徐同学成绩也不错。当他拿到毕业证书走进人才市场时才发现，"计算机科学与技术"专业已经不再热门，许多同专业的名牌大学毕业生都难以找到对口的工作，更何况他只是一所普通高职院校的应届毕业生。更为糟糕的是，由于几年前该专业十分热门，报考学生数量较大，现在人才市场上几乎遍地都是该专业的竞争者，竞争力可想而知，此时的徐同学彻底傻眼了。

启示：

高考志愿选择是职业规划的第一步。在选择专业时，切不可盲目追求热门。职场的需求是一个动态的过程，没有永远的"热门"，也没有永远的"冷门"。如果只考虑当前的"热门"或"冷门"，不去分析未来行业发展、岗位需求等综合因素的变化，求职就会遇到问题。

当前社会是一个多元化的社会，对于大学生来说，这样的社会环境既是挑战，又充满了机遇。

第一节　大学生就业形势分析

大学生就业前，应当对当前的就业形势有清晰的认识，以帮助自己做出正确的择业判断。就业形势能反映一段时间内就业市场的整体趋势，每个时期，每个阶段，就业形势都会发生变化，大学生更应理性地分析与应对。

一、大学生就业环境

就业环境是指与大学毕业生择业有关的政治、经济、文化等社会环境。就业环境对毕业生择业的影响作用是多方面的，有些是直接的、现实的，有些则是间接的、潜在的；有些是积极的、正面的，有些则是消极的、负面的。就业环境是一种社会存在。毕业生在择业前正确认识并分析自己所处的就业环境，寻找有利因素，避免不利因素，有助于毕业生制定出符合社会实际的择业目标。

（一）大学生由"精英"迈向"大众"

近年来，随着经济和各项事业的不断发展，我国高等教育模式已从传统的精英化模式向现代的大众化模式转变。

在大众化教育阶段，接受高等教育成为多数人的权利，所以，与精英教育阶段相比，大学生不再是计划经济体制下的"宠儿"了，大学生也要公平公正地参与社会竞争，实行双向选择，自主择业。

大学生必须清楚地意识到，就业机制已向市场化、网络化转变，不能再像以前那样被动或消极地等待机会的来临，而应主动出击，通过各种渠道，如学校的就业信息网、各大网络招聘网站、企业的官方网站、本地人才市场等，寻找就业机会。

（二）大学生就业市场从"卖方"步入"买方"

在"精英教育"阶段，高校毕业生供给小于社会需求，大学生处于"卖方市场"。但是当高等教育迈向"大众化教育"阶段时，大学毕业生紧缺的时代一去不复返，大学毕业生与市场需求逐渐呈现"供需平衡"，直至"供大于求"的现状。此时，大学生就业基本趋于市场化，价格机制在就业市场的调节作用越来越大，在今后很长的一段时间内，高校毕业生将处于"买方市场"。

现在，大学毕业生层次间的较量是一个较明显的趋势，同层次、同专业毕业生的培养质量和特色竞争将格外激烈。这样一来，一部分大学生通过竞争将成为社会的精英，同时也必然会有一部分大学生从事与大众化相适应的"蓝领工作"。

在目前的大环境下，大学生在求职时要客观分析个人的条件，不要好高骛远。任何一项工作都是需要有人去完成的，只要努力用心，任何工作都可以做得非常出色。无须太在意企业的性质、福利等客观因素，最重要的是找到一个适合自己发展的平台。

（三）用人标准由"重学历"转向"重能力"

在过去，我国大部分企业都会对求职者的学历做出硬性要求，求职者的学历越高，越容易就业，求职者文化程度的高低成为企业选才用人的重要参照因素。但是，近年来用人单位用工要求由原来的侧重求职者学历水平，开始向注重求职者的实际工作能力和综合素质等方面转变，学历因素对求职者的影响略有下降。

各类企业和机构招聘人才时，会综合评估大学生的能力和学识水平，所以大学生要在提升自身能力水平上多下功夫。

（四）就业形式由"单一"走向"多样"

高等教育逐渐步入大众化发展阶段，已不仅仅是人数的变化，还包括培养模式、教学方式、培养目标等一系列的改变。培养目标和要求的多样化必然导致毕业生就业形式的多样化。

（1）就业地点有大城市、中小城市、城镇等。

（2）就业单位属性有党政机关、事业单位、国有企业、民营企业等。

中小城市不一定没有就业机会。随着市场经济的不断发展，许多中小城市都有了自己的龙头企业，这些企业的发展同样需要大量的人才。与其在大城市激烈拼杀，不如在中小城市选择一个有发展前景的职位，创造属于自己的一片天地。

（五）挑战与机遇并存

2021年的两会期间，国家发布了中华人民共和国国民经济和社会发展第十四个五年规划和2035年远景目标纲要，呈现出在经济社会发展的各个方面，以及我们即将迎来的机遇。梳理和总结如下：从创新科技到制造强国，从战略性的新兴产业到服务业，从基础设施建设到国内大循环以及国际国外双循环，从建设数字中国到推动绿色发展，从教育体系的建设到健康中国的建设。

在很多领域，毕业生的所学专业都将大有可为，因此，大学生应了解形式和形势，看到机遇与挑战。

国家发展的大布局，特别是与"一带一路"、京津冀一体化、粤港澳大湾区等相关的项目行业，对人才吸引力巨大。电子信息及互联网等IT行业、机械制造业、制药医疗行业对毕业生的需求比较大，物联网、智能装备、新材料、新能源汽车等战略性新兴产业对毕业生的需求也呈上升趋势。这与行业进入高速发展期，对青年人才特别是青年科技人才的需求补给有很大关系。

二、大学生就业现状

目前，对于大学生而言，就业形势总体来说是比较严峻的，除了就业人数逐年上升，就业需求结构性的变化、专业的热门与冷门转化快也是就业形势严峻的重要影响因素。大学生需认清就业现状，找准定位，树立正确的就业观。

（一）就业人数逐年上升

近年来，随着我国高等教育的不断发展，国民对文化教育的重视程度不断提高，高等教育进入大众化时代。随着大学教育的普及，高校大规模扩招使大学生毕业数量一直处于递增的趋势。从大学毕业生人数屡创新高的趋势来看，未来的大学生就业形势依然不容乐观。

2022届高校毕业生达到1076万人，同比增加167万人。这是高校毕业生规模首次超过1000万，也是近几年增长人数最多的一年。根据教育部官方统计数据，"十三五"期间，出国留学人数达到了251.8万，学成回国人数达201.3万，占比约80%。另外进入劳动力市场求职的还有400万～500万中专毕业生、几十万退伍军人和一定数量的中学毕业生。

随着大学毕业生人数的增加，大学毕业生群体的就业问题变得更加突出。但目前，就业市场的供需能力不足，就业岗位竞争大，就业前景不容乐观。大学生群体的几何式增长与就业岗位数量之间的关系失衡，使得更多的大学生无法走上就业岗位，大学生的就业去向率下降，导致大学生就业形势很不理想。

（二）结构性矛盾突出

我们一直说结构性就业难，到底什么是结构性问题呢？就业领域的结构性问题指劳动力要素在国民经济各部门与产业间的配置不平衡。各种因素在相互叠加、相互作用之下，对全社会就业乃至经济社会大系统产生严重的不利影响。

结构性问题可以从两个层次来认识：一是就业自身系统重大结构性失衡，包括劳动、资本、土地、知识、技术、管理和数据等要素；二是与经济社会其他系统重大结构性失衡，比如城乡区域、收入分配、产业、市场、教育等。

企业"用工荒"与大学生"就业难"结构性矛盾突出。企业"用工荒"和大学生"就业难"，在新冠肺炎疫情影响下表现得尤为明显，引起全社会的高度关注。

企业"用工荒"，是劳动密集型发展中国家的必经阶段，更是中国经济社会大变革的一个缩影。当前，影响大学生"就业难"的最关键的因素都是"结构性的"。这些因素包括短期供给超量、区域选择偏好、就业能力不足等，企业"用工荒"和大学生"就业难"俨然成为影响经济与教育发展的突出矛盾。

从逻辑上讲，我国"用工荒"和"就业难"是一对矛盾的共同体，只要企业提高工资待遇，劳动者不挑不拣，就能解决就业问题。但事与愿违，一方面，大量企业出现用工荒，另一方面，不少劳动力找不到工作，尤其是大学生群体就业比较困难，不少大学毕业生面临着"毕业即失业"的困境。有些地方大学生的平均工资已低于农民工群体，就业结构性矛盾日益彰显。

（三）片面的就业观依然存在

近年来，随着高等教育大众化的普及和就业压力的增加，大学生的就业观念也有所改变，就业期望值有所降低，但"好高骛远"的想法依然存在，大多数毕业生希望到大城市、大机关、大公司、大院所、大企业等比较体面的大单位就业。毕业生择业时容易受社会上一些舆论的左右，盲目追随，而不考虑自身条件及职业特点和社会整体需求。

大学生自身定位与社会发展对人才的需求存在较大的差异性，结果出现了很多大学生找不到工作，而又有不少工作岗位没有人愿意应聘的矛盾现象。

（四）专业的"热门"与"冷门"转化快

近几年高校追求规模，导致一些学校盲目进行学科的拓展，原来的一些单科学校的办学特色都不复存在了，另外有些专业设置不合理，不能满足市场经济发展的需要。

学习的最终目的是学以致用，为适应社会发展的需求，学校教育也在不断改革，其专业设置、课程设置与社会的关联度不断上升。教育改革在一定程度上缩短了学校与社会的差距，弱化了理论与实践之间的距离。但随着社会科学技术的迅速发展，企业内部结构不断发生变化，岗位的设置、人员的需求都在不断调整。有的高校一味追求学科的大而全，追求上层次、上档次，追逐一些热门专业，但是由于忽视了师资的建设水平，课程建设、教材建设、实验实践条件的滞后，导致培养的学生能力比较差、质量不高，不能很好地适应社会主义市场经济发展的需要，而高校"热门"专业的扩招只针对当下的社会需求和社会热点，大学生经过多年学习毕业后，企业的岗位需求有可能已经发生了变化，当年招生的"热门"专业已经变成"冷门"专业了。毕业生得不到社会的认可，也造成毕业生就业比较困难。

（五）素质要求大于学习成绩

随着社会经济的发展，用人单位在选择大学生时，不仅看重专业能力，而且更看重非专业能力。

据调查显示，用人单位对大学生的基本能力要求依次为环境适应能力占 65.9%；人际交往能力占 56.8%；自我表达能力占 54.5%；专业能力占 47.7%；外语能力占 47.7%。由此可知，除了专业能力，用人单位对大学生其他非专业能力的要求，主要集中在表达能力、协调沟通能力、人际交往能力、组织管理能力、适应能力、实践能力、学习能力、应变能力、观察能力和分析能力等，尤其是学习能力，已成为现代用人单位考查大学生的一个重要因素。

三、大学生应如何树立正确的就业观

在当前的就业形势下，大学生应该以怎样的态度来应对这复杂的就业局面呢？每一位大学生都应有良好的心态并树立正确的就业观。

新时代大学生可以这样树立正确的就业观，首先肯定自己有用武之地，要有自信；其次要有很强的上进心和永不言败的精神；再次放眼未来，相信自己一定能找到最优的工作；最后做好充分的准备。

要树立正确的择业观，首先，要对就业大环境有清晰的认识和理解。降低期待值，主动适应经济建设与社会发展的需要。其次，要正确认识自我，确立职业理想，做科学的职业规划。最后，要有积极乐观的就业心态，提升自身素质和能力。必须克服消极懒惰思想，充分利用大学的这段美好时光，做好自己的职业规划，有针对性地进行知识储备和社会实践，努力学习专业知识，务实理论基础，把自己培养成社会需要的人才。

当机遇与挑战并存的时候，大学生唯有通过自身的努力才能获得自身发展并实现自我价值的机会。大学生应努力做到以下几点。

1. **转变就业观念，树立正确的择业观**

在社会中，就业职位的层次分布是呈三角形的，从顶端向下，各职位层次对劳动力的技能要求逐渐下降，数量逐渐增多。"供需矛盾"决定着毕业生就业职位的分布与就业层次、薪酬水平等状况。在今后相当长的一段时间内，每年新增需要就业的人数远远高于新增职位数，在这种情况下，大学毕业生的就业将向社会职位的"三角形"靠近底端的方向移动，大学毕业生树立大众化的就业观念已势在必行。

2. **自我分析，合理定位，明确就业目标**

在现阶段，就业目标要实事求是，严峻的就业形势产生的结果必然是就业市场的激烈竞争，因此，结合自身的综合实力和专业特色制定一个适中的就业目标显得尤为重要。

3. **面向基层就业，牢固树立基层服务意识**

基层是一个大概念，既包括广大农村，也包括城市街道社区；既涵盖县级以下党政机关、企事业单位，也包括非公有制组织和中小企业；既包括自主创业，也包括艰苦行业和艰苦岗位。基层还是一种意识，做任何事情都需要从一点一滴的基础性工作做起，都需要脚踏实地、勤勤恳恳的工作态度。面向基层就业，是时代的召唤和国家的要求，也是当代大学生必然的选择。

在求学期间应有意识地培养自己各方面的能力。同时，也不要认为到基层、到民营企业就没有出路，成功的企业家很多是从基层做起的。

4. **先就业、后择业、再创业的观念**

毕业生需要破除"一选定终身"的传统就业观念，在落实与选择工作单位和岗位时，不求一步到位，要骑马找马。因此广大毕业生要对自己和社会有正确的认识和分析，对就业单位、岗位的挑选要有度，适当调整就业期望，认识到"迟就业不如早就业"。在工作若干年后，随着知识的更新、能力的提高，还可以根据自己的实际情况和发展方向，重新选择新的就业单位和岗位。

5. 认清就业形势，把握就业机会

当代大学生应理性看待当前的就业形势，把握社会发展的趋势。有些学校和媒体过分渲染就业形势的严峻性，使部分大学生盲目地偏听偏信，导致就业信心不足。其实，我国经济的不断发展为大学毕业生创造了很好的条件和很多新的机遇，面对这些机遇和条件，大学生应积极把握，同时又要理性选择，切忌盲目跟风。建议毕业生全面冷静地分析自身情况和社会发展趋势，调整心态，不断充实自己，把握每次就业机会。

6. 提高个人素质，增强就业竞争力

大学生在校学习期间，除了努力学习课本知识，还必须培养良好的职业道德，树立正确的世界观、人生观、价值观。大学生还应当具有创新精神，面对激烈的社会竞争，能视变化为机遇，视困难为坦途，对生活、对未来充满期望，充满热情。同时，大学生还要注重能力的培养，能力是一个人素质的外在表现，大学生应尽可能培养自己处理信息的能力、处理关系的能力、解决问题的能力、看待事物的能力、运用技术的能力等。只有这样，才能增强自己的就业竞争力。

总之，面对越来越严峻的就业形势，大学生要想立于不败之地，必须树立正确的就业观。只有学会根据主客观条件的变化，审时度势，脚踏实地，才能够实现自己的目标，才能够最终实现自己的人生价值和理想。

第二节　大学生就业帮扶政策与措施

机遇与挑战并存，困难与希望同在，虽然大学生在就业时可能会面临种种困难，但同时也存在很多机遇。不管是国家出台的种种鼓励、支持政策，还是各高校、各单位提供的机会，对于大学生来说都是很好的机遇。每年，教育部及地方都会出台相关的就业帮扶政策，以支持大学生就业。

一、就业政策

就业政策（employment policy）是指政府和社会群体为了解决现实社会中劳动者就业问题制定和推行的一系列方案及采取的措施。它包括就业指导思想、管理体制、指导原则、就业范围等相关规定。各省、自治区、直辖市的就业主管部门结合本地区实际情况也制定了相关的指导性政策和规定，这些政策和规定都是高校毕业生就业政策的有机组成部分。

就业政策是使失业人员和新生劳动力就业的根本手段与政策手段。就业政策的实施使劳动者充分就业；获得满意的工资报酬，安心于工作岗位、努力工作，实际上也就从最基本的方面保障了社会的稳定。

就业是最大的民生，在"六稳"工作、"六保"任务中，就业都被摆在首位。2020年以来，习近平总书记高度重视就业问题，在考察调研、出席会议等多个场合对当前的就业形势作出科学研判。

"各级党委、政府和社会各界要切实做好高校毕业生就业工作,采取有效措施,克服新冠肺炎疫情带来的不利影响,千方百计帮助高校毕业生就业,热情支持高校毕业生在各自工作岗位上为党和人民建功立业。"——2020年7月7日,习近平给中国石油大学(北京)克拉玛依校区毕业生的回信

"要坚持以人民为中心的发展思想,切实解决好群众的操心事、烦心事、揪心事,扎实做好下岗失业人员、高校毕业生、农民工、退役军人等重点群体的就业工作。"——2020年6月8日至10日,习近平在宁夏考察时强调

"要落实落细国家出台的一系列支持政策,有针对性地开展援企、稳岗、扩就业等工作,强化'六稳'举措。"——2020年3月10日,习近平在湖北省考察新冠肺炎疫情防控工作时的讲话

二、2022年国家促进普通高校毕业生就业政策

2022届普通高校毕业生规模、增量创历史新高,受经济下行压力和新冠肺炎疫情叠加影响,高校毕业生求职困难增多,就业形势复杂严峻。党中央、国务院高度重视高校毕业生就业工作,及时作出一系列重要决策部署,习近平总书记多次对做好高校毕业生就业工作作出重要指示和批示。国务院《"十四五"就业促进规划》明确要求,持续做好高校毕业生就业工作。为深入贯彻党的十九大和十九届二中、三中、四中、五中、六中全会精神,落实党中央、国务院决策部署,教育部决定实施"2022届全国普通高校毕业生就业创业促进行动",健全就业创业促进机制,推动就业创业工作提质增效,促进高校毕业生更加充分更高质量就业。

高校毕业生等青年就业关系民生福祉、经济发展和国家未来。为贯彻落实党中央、国务院决策部署,做好当前和今后一段时期高校毕业生等青年就业创业工作,国家制定出了一系列政策措施。

(一)鼓励高校毕业生到基层就业

基层就业就是到城乡基层工作。国家近几年出台了一系列优惠政策鼓励高校毕业生积极参加社会主义新农村建设、城市社区建设。

1. 有哪些基层就业项目

近年来,中央各有关部门主要组织实施了五个引导高校毕业生到基层就业的专门项目,包括如下几个方面内容。

(1)团中央、教育部等四部门从2003年起组织实施的"大学生志愿服务西部计划",简称"西部计划"。

（2）中组部、原人事部、教育部等八部门从2006年开始组织实施的"三支一扶"（支教、支农、支医和扶贫）计划。

（3）教育部等四部门从2006年开始组织实施的"农村义务教育阶段学校教师特设岗位计划"，简称"特岗教师"。

（4）中组部、教育部等四部门从2008年起组织实施的"选聘高校毕业生到村任职工作"计划，简称"大学生村官"。

（5）农业农村部等三部门从2013年起组织实施的"农业技术推广服务特设岗位计划"。

2. 参加基层就业项目，服务期满后享有哪些优惠政策

（1）公务员招录优惠。每年拿出公务员考录计划的一定比例，专门用于定向招录服务期满且考核称职（合格）的服务基层项目人员。服务基层项目人员也可报考其他职位。参加大学生村官、"三支一扶"计划、"农村义务教育阶段学校教师特设岗位计划""大学生志愿服务西部计划"等服务基层项目前无工作经历的人员，服务期满且考核合格后2年内，可以报考仅限应届毕业生报考的职位。参加基层就业项目，参加国考可以报考要求限有基层工作经历、基层服务项目经历的岗位。

（2）事业单位招聘优惠。鼓励在项目结束后留在当地就业，参加各基层就业项目相对应的自然减员空岗，全部聘用服务期满的高校毕业生。从2009年起，到乡镇事业单位服务的高校毕业生服务满1年后，在现岗位空缺情况下，经考核合格，即可与所在单位签订不少于3年的聘用合同。同时，各省（市、区）县及县以上相关的事业单位公开招聘工作人员，应拿出不低于40%的比例，聘用各专门项目服务期满考核合格的高校毕业生。

（3）考学升学优惠。参加"大学生志愿服务西部计划""三支一扶计划""农村义务教育阶段学校教师特设岗位计划"等项目服务期满、考核合格的毕业生，3年内参加全国硕士研究生招生考试的，初试总分加10分，同等条件下优先录取。参加"选聘高校毕业生到村任职"项目服务期满、考核称职以上的毕业生，3年内参加全国硕士研究生招生考试的，初试总分加10分，同等条件下优先录取，其中报考人文社科类专业研究生的，初试总分加15分，同等条件下优先录取；高职（高专）学生可免试入读成人本科。

（4）国家补偿学费和代偿助学贷款政策。参加各基层就业项目的毕业生，符合规定条件的，可享受相应的学费补偿和助学贷款代偿政策。高校毕业生到中西部地区和艰苦边远地区基层单位就业、服务期在3年以上（含3年）的，其学费由国家实行代偿。

（5）服务期满自主创业的，可享受税收优惠、行政事业性收费减免、小额贷款担保和贴息等相关政策。毕业生从事个体经营（除国家限制的行业外）的，自其在工商部门首次注册登记之日起3年内，免收管理类、登记类和证照类等有关行政事业性收费。

除以上五点外，还按照各基层就业项目服务年限计算工龄。服务期满到企业就业的，按照规定转接社会保险关系。

（二）鼓励大学生应征入伍

着眼于为部队输送更多高素质兵员，教育部联合中央军委国防动员部多方协调，通过更大力度的升学就业优惠政策、加强组织宣传动员、畅通大学生入伍绿色通道等举措，努力实现大学生应征入伍数量、质量双提高。

1．优先征集政策

（1）大学生入伍优先报名应征、优先体检政考、优先审批定兵、优先安排使用，大学生参加体检开辟绿色通道。高校新生应当在户籍所在地参加应征；高校应届毕业生和在校生可在学校所在地参加应征，也可在入学前户籍所在地参加应征。

（2）报名网址：全国征兵网

（3）报名时间：

上半年男兵：上年12月1日至当年2月10日

上半年女兵：当年1月1日至当年2月10日

下半年男兵：上年12月1日至当年8月10日

下半年女兵：当年7月1日至当年8月10日

2．学费资助及优待政策

（1）学费补偿、国家助学贷款代偿、学费减免，本专科生每人每年最高不超过12000元，研究生每人每年最高不超过16000元。

（2）入伍大学生按规定享受优待政策，义务兵家庭优待金由批准入伍地发放，其家庭享受军属待遇。

3．升学优惠政策

（1）设立"退役大学生士兵"专项硕士研究生招生计划，每年专门面向退役大学生士兵招生约8000人，并向"双一流"建设高校倾斜。

（2）在部队荣立二等功及以上的，免试（指初试）攻读硕士研究生。

（3）在完成本科学业后3年内参加全国硕士研究生招生考试，初试总分加10分，同等条件下优先录取。

（4）高职（专科）学生应征入伍，退役后在完成高职（专科）学业的前提下，可免试入读普通本科，或根据意愿入读成人本科，自2022年专升本招生起执行。

4．复学政策

（1）高校学生（含高校新生）服役期间按国家有关规定保留学籍或入学资格，退役后2年内允许复学或入学。

（2）经学校同意，大学生士兵退役后复学可转入本校其他专业学习。

（3）退役复学后免修军事技能等课程，可直接获得学分。

5. 在部队选拔培养政策

（1）符合条件的取得全日制本科学历和学士学位的毕业生（含毕业学年入伍，服役期间取得的），入伍一年半以上，可选拔为提干对象。

（2）参加全军统一考试，录取到有关军队院校学习。

（3）优先选取士官。

（4）参加保送入学对象选拔，同等条件下优先推荐。

6. 退役后技能培训政策

面向自主就业退役士兵开展职业技能培训，实施学历证书+若干职业技能等级证书制度和学分银行制度，建立学习成果认定、积累和转换机制，按规定享受培训资助。

7. 退役后就业服务政策

（1）退役后一年内，凭用人单位录（聘）用手续，可办理就业报到手续，户档随迁。

（2）退役高校毕业生士兵可参加户籍所在地省级毕业生就业指导机构、原毕业高校就业招聘会，享受就业信息、重点推荐、就业指导等就业服务。

（3）乡镇补充干部、基层专职武装干部配备时，注重从退役大学生士兵中招录；在军队服役5年（含）以上的高校毕业生士兵可以报考面向服务基层项目人员定向考录的职位。

（4）教育部在"24365校园招聘服务"活动中开辟退役大学生士兵岗位专区，畅通求职就业渠道。

（三）鼓励大学生自主创业

1. 税收优惠政策

（1）持人社部门核发就业创业证的高校毕业生在毕业年度内创办个体工商户的，可按规定在3年内以每户每年12000元的限额（最高可上浮20%，具体由各省、自治区、直辖市人民政府根据本地区实际情况确定）依次扣减其当年实际应缴纳的增值税、城市维护建设税、教育费附加、地方教育附加和个人所得税。

（2）对高校毕业生创办小微企业的，可按规定享受小微企业普惠性税费政策；创办个体工商户的，对其年应纳税所得额不超过100万元的部分，在现行优惠政策基础上减半征收个人所得税。

2. 担保贷款和贴息政策

（1）创业担保贷款和贴息支持。可在创业地申请创业担保贷款，最高贷款额度为20万元，对符合条件的个人合伙创业的，可根据合伙创业人数适当提高贷款额度，最高不超过总额的10%。对10万元及以下贷款、获得设区的市级以上荣誉的高校毕业生创业者免除反担保要求；对高校毕业生设立的符合条件的小微企业，最高贷款额度提高至300万元，财政按规定给予贴息。

（2）创业担保贷款申请程序。申请创业担保贷款贴息支持的个人和小微企业应向当地人力资源社会保障部门申请资格审核，通过资格审核的个人和小微企业，向当地创业担保贷款担保基金运营管理机构和经办银行提交担保和贷款申请，符合相关担保和贷款条件的，与经办银行签定创业担保贷款合同。

3. 资金扶持政策

（1）免收有关行政事业性收费。毕业2年以内的普通高校毕业生从事个体经营的，3年内，免收管理类、登记类和证照类等有关行政事业性收费。

（2）求职创业补贴。对在毕业学年有就业创业意愿并积极求职创业的低保家庭、贫困残疾人家庭、原建档立卡贫困家庭和特困人员中的高校毕业生，残疾及获得国家助学贷款的高校毕业生，给予一次性求职创业补贴。

（3）一次性创业补贴。对首次创办小微企业或从事个体经营，且所创办企业或个体工商户自工商登记注册之日起正常运营1年以上的离校2年内高校毕业生，试点给予一次性创业补贴。

（4）享受培训补贴。对大学生在毕业年度内参加创业培训的，按规定给予培训补贴。

4. 工商登记政策

简化注册登记手续。创办企业，只需填写"一张表格"，向"一个窗口"提交"一套材料"，登记部门直接核发加载统一社会信用代码的营业执照，"多证合一"。

5. 户籍政策

取消落户限制。高校毕业生可在创业地办理落户手续（按直辖市有关规定执行）。

6. 创业服务政策

（1）免费创业服务：可免费获得公共就业和人才服务机构提供的创业指导服务。

（2）技术创新服务。各地区、各高校和科研院所的实验室以及科研仪器、设施等科技创新资源可以面向大学生开放共享，提供低价、优质的专业服务。

（3）创业场地服务。鼓励各类孵化器面向大学生创新创业团队开放一定比例的免费孵化空间。政府投资开发的孵化器等创业载体应安排30%左右的场地，免费提供给高校毕业生。有条件的地方可对高校毕业生到孵化器创业给予租金补贴。

（4）创业保障政策。加大对创业失败大学生的扶持力度，按规定提供就业服务、就业援助和社会救助。毕业后创业的大学生可按规定缴纳"五险一金"。

7. 学籍管理政策

（1）折算学分。各高校要设置合理的创新创业学分，建立创新创业学分积累与转换制度，探索将学生开展自主创业等情况折算成学分方法。

（2）弹性学制。学校可以根据情况建立并实行灵活的学习制度，可放宽学生修业年限，保留学籍休学创新创业。

第三节　毕业生就业服务

一、岗位信息服务

（一）教育部会同社会招聘服务机构推出"24365校园招聘服务"，举办各类区域性、行业性、联盟性专场招聘会。高校毕业生可用学信账号登录"国家24365大学生就业服务平台"或微信搜索关注"国家24365大学生就业服务平台"（ncssfwh）公众号并绑定学信账号，获取求职意向登记、岗位一键搜索、职位精准推荐、在线求职应聘等一站式服务。

（二）各地各高校不定期举办各类线上线下招聘活动，高校毕业生可以通过各地各高校就业指导部门及其网站获取信息服务。

二、就业指导服务

（一）教育部推出"互联网+就业指导"公益直播课，通过新华网、央视频、学习强国、中国教育电视台等平台，围绕就业形势与政策、职业生涯教育、求职择业指导、行业发展趋势等主题，帮助毕业生答疑解惑。毕业生可通过"24365就业资讯"（ncssweb）公众号获取课程直播信息，通过"国家24365大学生就业服务平台"学识平台板块回看课程。

（二）组织开展"宏志助航计划"，教育部推出全国高校毕业生就业能力培训网络平台，提供就业指导和职业技能类网络课程，帮助大学生拓展职业视野、了解行业发展和岗位要求、提高职业技能和就业竞争力，学生可通过"国家24365大学生就业服务平台"宏志助航板块进入。符合条件的在校生还可在高校报名参加线下培训。

（三）各地各高校开展线上线下就业指导活动，提升毕业生求职就业能力。毕业生可以在各地各高校的就业指导部门获取指导服务，也可通过"国家24365大学生就业服务平台"公众号访问"我的辅导员"与辅导员关联，获得辅导员的帮助指导。

三、签约及去向登记服务

（一）教育部推出"全国高校毕业生网上签约与毕业去向登记平台"（以下简称"网签平台"），毕业生和用人单位可根据高校的要求，选择在线签约和去向登记。平台可通过"国家24365大学生就业服务平台"网上签约/去向登记板块进入。

（二）毕业生可使用平台完成线上签约/解约、线下签约/解约、登记就业协议信息等，具体操作方式可咨询本校就业部门。

（三）签订就业协议的毕业生在网签平台上传就业协议，经学校（院系）审核通过后，完成去向登记。其他去向的毕业生通过平台选择毕业去向类型，按照具体要求填写相关去向信息，上传证明材料，经学校（院系）审核通过后，完成去向登记。

四、查询反馈服务

教育部提供毕业生就业去向查询反馈服务。每年 6—9 月，应届毕业生可以登录学信网在"学信档案"中查看本人毕业去向，并可在线反馈信息是否准确。如信息不准确，可备注说明具体情况，由毕业生所在高校根据反馈情况及时更新。

思考与练习

1. 谈谈你了解到的当前大学生的就业环境。
2. 谈谈你了解到的当前大学生的就业现状。
3. 谈谈你了解到的当前大学生的就业政策。

第二章 大学生就业准备

思政目标

- 着重职业道德和职业能力的培养，提升专业能力和综合素质。
- 加强内在修养，学会脚踏实地、执着与坚持。

学习目标

- 了解就业准备的主要内容。
- 练就良好的就业能力，提升就业竞争力。
- 做好求职择业前的准备工作，掌握、收集、利用就业信息，学会制作求职材料。

第一节 就业能力准备

案例导入

聂强是某科技职业学院旅游管理专业的一名准毕业生，在校期间成绩优秀，为人低调谦逊。从进入大学第一天起，他就下定决心要好好学习，尤其要好好学习专业知识，掌握专业技能，为之后的职业生涯打好专业基础。聂强每天三点一线，教室—寝室—图书馆，努力就会有回报，他的学习成绩名列前茅，专业成绩排全年级第一，多次获奖学金。为了今后能更好地就业，他在学长的建议下，报考了专升本并通过了所有的考试，他还将与本专业相关的专业资格证书和专业技能证书全数揽入。聂强望着这些证书，有种说不出的成就感，他觉得证书能证明他的能力。可是求职并不像聂强想得那么简单，毕业前夕，他去过校内外的人才市场，网上也投递过简历，给他发来面试通知的公司，他要么嫌公司规模小，要么对待遇不满意，而他心仪的公司的面试通知却一直没等到。

他曾有过一次最接近他理想工作的机会。有个新区要开发一个旅游景点，找到学院希望推荐几个优秀的毕业生。系里第一时间推荐了聂强前去应聘，结果很快就被打发回来了。学院老师很纳闷，于是电话联系了招聘单位。招聘单位人力资源部张经理说："你推荐的这个学生是不错，专业方面没得说，不过他好像缺乏自己的思路，缺少独立工作的能力，而我们这次招聘就是希望找个思路清晰，具有独立工作能力的人。"

求职不顺利，聂强想换个思路，考虑自主创业，可是经过三个月的创业摸索，发现自己在创业方面还欠缺经营经验，便重新有了去企业工作的念头。从今年3月份至今，他投了50余份简历，却没有收到过一次面试通知。他纠结了，自己获得了那么多有含金量的证书和荣誉，自己的学历也符合企业的招工要求，却找不到一份称心的工作，怎么会这样呢？

启示：

现代企业对人才的要求已由原来的"重学历"转变为"重能力"，不仅要求大学毕业生具备一定的专业技术能力，同时还要有一定的适合工作岗位的基本职业能力，如创新能力、分析解决问题的能力、协作能力和人际交往能力等，也就是要求学生成为具备专业应用能力与综合素质的复合型人才。

就业是民生之本，毕业生顺利就业关系到千家万户的切身利益，大学生就业问题一直都是社会、高校和广大毕业生共同关注的。大学生就业问题直接关系到大学生个体自我价值的实现，关系到我国高等教育健康有序地发展以及整个社会的和谐稳定。大学毕业生就业困难的原因除就业市场的供求关系外，还有最根本的原因是毕业生就业能力不足。就业能力的缺乏和不足，使得毕业生初次签约率高但就业满意度不高，造成"有人无业就，有业无人就"的现象。因此，从大学生自身的角度而言，提前做好就业能力准备是解决大学生就业难的首要任务。

一、大学生就业能力的内涵

"就业能力"一词在研究就业问题时被广泛使用，但国内外学者对"就业能力"尚未形成统一的定义。英国就业能力研究专家哈维（Lee Harvey）认为，就业能力是指个人的能力，通常表现为学生能够获得和保持工作的能力。瑞士的戈德斯密德认为，就业能力包括就业动机与良好的个人素质、人际关系技巧、丰富的科学知识、有效的工作方法和敏锐广阔的视野五个要素。国际劳工组织（ILO）指出，就业能力是个体获得和保持工作、在工作中进步以及应对工作生活中出现变化的能力。

国内学者普遍认为，大学生的就业能力不再单纯指某一项技能、能力，而是学生自身为成功就业所积攒的各种能力与综合素质的集合，如道德品质、职业态度、文化认同、团队意识、学习能力、创新思想、应变能力、工作经验等，它是一种与职业相关的能够实现就业理想、满足社会需求、在社会生活中实现自身价值的本领，是适用于各个岗位的综合能力。就业能力体现了大学生自身的内在素质和才能，较强的就业能力使大学生具备较强的竞争力。

对我国大学生就业能力的内涵解释，从不同角度通常可以分为以下三类。

第一类是从实现就业的应聘者角度划分。大学生就业能力指的是他们具备与将来所要从事某项工作的条件与能力，也就是大学生求职中最能被雇主垂青和需要的能力。

第二类是从招聘者需求的角度划分。就业能力是在大学生成功求职基础上还要求其应具备维持一份工作的能力，以及持续学习来应对不同工作的能力。

第三类是从大学生就业质量或大学生就业满意度等角度来划分。就业质量高或就业满意度高的毕业生就业能力值得探讨与借鉴。

二、大学生应具备的主要能力

（一）用人单位对大学生就业能力方面的主要需求

要提升大学生就业能力，需要从用人单位的需求出发，用人单位需要什么样的人才，是大学生提升自身就业能力需要首先分析的问题，用人单位的需求是多样性的，具备以下几个方面能力的大学毕业生是用人单位所青睐的。

1．工作能力强

用人单位需要的是能够为单位带来利润、为单位发展带来推动力的人。

2．综合能力出众

现在的单位基本不再从事单一的项目，因而，专业对口在企业已经慢慢弱化，工科生可以从事销售、行政类岗位，同样文科生可以从事经营、服务类岗位，因此，对人才的综合能力提出了更高的要求。在招聘中学生团体的负责人受到追捧，直接反映了用人单位对综合能力，特别是组织能力、沟通能力、交际能力有较高的要求。

3．动手能力强

用人单位招聘人才时，注重实干，弱化成绩。对实践能力强、动手能力突出的大学生尤其青睐，那些在社会实践活动中表现优秀的学生，就业时有明显的优势，对学校成绩，企业不再重视，只要具备必要的基础知识，基本都能通过首轮面试。更多的毕业生是在首轮以后的实践操作阶段达不到用人单位的要求而被淘汰掉的。

4．有相关工作经历

用人单位需要能直接上岗的毕业生，在一些大型公司有比较完善的培训体系，但是培训新人的代价太高，而且流失率较高，所以大多数用人单位更喜欢有工作经历的毕业生。能力与业绩导向是目前人才的主流标准，用人单位不再单纯地看学历，而是综合考虑职业能力，具备丰富经历的毕业生在职业能力方面优势明显。

综上可以看出，大学生就业难，难于没有工作经验，眼高手低，缺乏真正的社会能力和职业能力，缺乏必备的就业素养。

（二）大学生主要就业能力的培养

现实社会中，大学生就业面临着很多挑战和压力，关键是要通过知识的积累，进一步提高对自身的认识和定位，以不断提升社会实践能力来应对多变的就业环境。总体来说，应主要培养以下几种能力。

1. 人格品质和职业道德

随着企业经营环境的发展和人才市场供求结构的变化，从业者需要具有较强的承受压力的能力，以及根据现实环境调整自己期望和心态的能力。毕业生没经历过太多挫折，面临竞争压力时，往往适应能力不足，承受能力差，容易对工作产生失落感和受挫感。有的大学生由于学习与就业压力较大、家庭经济困难、人际关系失调等原因，往往会在心理健康方面产生障碍，这些都将直接影响到他们的就业能力。

职业道德是指在一定的职业活动中应遵循的、体现一定职业特征的、调整一定职业关系的职业行为准则和行为规范的总和，它是人们在从事职业的过程中形成的一种内在的、非强制性的约束机制。职业道德是职业人必备的职业操守，主要包括遵纪守法、忠于职守、廉洁自律、诚实守信、爱岗敬业、办事公道、服务群众、奉献社会等内容。

毕业生要想适应当今的职场环境，就必须具备明确的工作目标和强烈的责任心，带着激情去工作，踏实、有效率地完成自己的本职工作。工作态度在很大程度上能够决定一个人的工作成果，有良好的态度才有可能塑造出一个值得信赖的形象，获得同事、上司及客户的信任。

2. 专业技术能力

专业技术能力一般是指专业知识、专业技能等与职业直接相关的基础能力，它是大学生就业核心竞争力之所在。大学生经过严格的专业训练，全面系统地掌握了本学科、本专业的基本理论和方法，专业技术能力就是将其运用到实践中去分析解决问题，结合实际创造性地开展工作的能力。

（1）专业知识

不同的职业、行业要求从业者所要具备的专业知识不相同，这种专业知识可能来自课堂，也可能来自实践。专业知识的积累是一个持续的过程，现在部分大学生进行"期末突击"，用一个月弥补一学期的知识空白，考试靠老师画重点获取好成绩，但过一个长假回来，大部分知识又还给了课本。学生学到的知识就是自己拥有的武器，人可以白手起家，但不可以手无寸铁。一个人如果目标明确，打定主意从事所学专业，走专业路线，并一直走下去，不再更改，就必须在专业知识上精益求精。学生可以通过浏览最新文献，查看全球科研的最新进展来提高自己的专业知识水平。

课本上学的知识都是工作中最基础的内容，而所运用的模型和原理也是最简单的类型。专业知识是培养专业技能的基础，工作上出现各种问题和疑惑时，可以运用所学的知识和原理，根据具体问题找出"瓶颈"所在，找到突破口去解决。为了有效地做到"对症下药"，就需要在实践中不断学习和总结，把平时所学的知识转化成工作中的利器，在反复实践中领悟、摸索。

（2）专业技能

专业技能是指依据专业培养目标，通过一定的学习、实践训练，使学习者熟练掌握的专门技术及运用能力。

专业技能是大学生进入职业领域的资本，不同的职业、行业会对从业者有不同的技能要求。做研究工作要求具有调查、分析、归纳、演绎的技能；做教育工作要求有澄清、说服、评估、鼓励、表达的技能；公务员要求具有从事行政工作的技能，如判断推理、资料分析以及简洁的文书编写能力等。具备过硬的专业知识、专业技能，是毕业生进入就业市场的基本条件。

3．基本工作能力

基本工作能力是大学生顺利就业的前提，包括创新能力、适应能力、人际交往能力、团队合作能力、求职应聘能力、学习能力、表达能力、动手能力、组织管理能力、解决问题的能力等。

（1）团队合作能力

随着信息社会的发展，人与人之间的交往活动日益频繁，越来越依靠团队的力量，团队合作是职业人工作的一种重要方式。当今社会是一个"合作为王"的时代，我国知名企业华为、字节跳动、百度等，都拥有一支核心精英团队。职业人做任何一件事、做任何一个项目都不是单枪匹马，而是由领导、同事、客户合作完成的。而团队合作能力正是绝大多数的大学毕业生目前还比较欠缺的能力。

团体合作能力是大学生就业的决定性条件，大学生缺乏职业沟通、团队合作往往会成为就业短板。令人惋惜的是，许多大学生"不会说话""不会与人交流""不合群""恃才傲物"，这在很大程度上也注定了他们求职路的坎坷。

因此，大学生应该有意识地在学校的学习和生活中主动培养独立性，学会分享、感恩，勇于承担责任，不要把错误和责任都归咎于他人。在日常学习生活中，有目的、有计划地参与各类竞赛、文娱体育活动、科技文化艺术节等校园文化集体活动，加入学校各类学生社团和组织，在组织和活动中树立服务意识，自觉加强纪律观念、大局意识、团队意识，积极地与人交流沟通，与他人分享自己的想法，凡事采取合作的态度，只有合作才能增强团队的凝聚力。

（2）学习能力

学习能力就是从学习中获得知识的能力，是在环境和教育的影响下形成的、概括化了的学习经验，是学生可持续发展的重要能力。学习能力的高低决定了学生掌握知识技能的快慢、深浅、难易、巩固与否和运用程度。

大学生要培养自己的学习能力，首先应该养成独立学习、独立思考、独立做实验、独立设计的习惯，唯有如此才能把已知的东西消化吸收，变成营养充实自己。其次，要养成读书的习惯。书籍是人类进步的阶梯，认真学好学精专业基础课程，科学安排课程，可以使我们少走弯路。再次，还要注意多参加各类社会实践，以获得从书本中无法获得的操作能力。最后，大学生还需要再学习能力，再学习能力指的是一个人把知识运用到实践中的能力，是那种可以不断地在工作中自学的能力，以及把所学的知识用活的能力。如果大学生们认为通过几年的大学学习，积累的知识已经足够了，走上工作岗位后只是一味地吃"老本"，那么不久就会被超越，甚至被淘汰。只有不断吸收接受新的知识、新的技能，才能成为有潜力可挖、有发展前途的员工。

（3）创新能力

所谓创新能力，是人们用已经积累的丰富知识，通过各种智力因素不断地探索研究，提出新颖独特的理论，创造出具有社会价值的新产品的能力。创新并不是天才的专利，也不是科学家、发明家的专利，它已经深入到普通人的工作和生活中。日常工作照样需要创造性思考和创新能力，大学生毕业后在实际工作中，将会遇到一些前人从未问津的新课题，如果具备创新能力，他就能将这些新课题进行科学的分析，理出头绪、分清主次、抓住本质，之后提出新方案，进行科学研究，得出科学结论，取得创新成果。反之，则会不知所措或者乱撞乱碰，到头来一事无成。

大学生在校期间要积极参与科研创新活动，如学术课题研究小组、各类专业协会及学科兴趣小组等；参加专业特点突出的课外学科竞赛、科技活动以及创造发明活动，通过这些活动提升自己的科技创新意识和创新能力，为走上岗位后创造性地开展工作打下坚实的基础。

（4）人际交往能力

所谓人际交往能力，即妥善处理人与人之间的关系，并与他人和谐共处、共同发展的能力。每个人都必然和社会上形形色色的人打交道，处理好人际关系是每一个大学毕业生走上社会后必须掌握的能力，在现代社会生活中，人际交往能力变得越来越重要，甚至超过了工作能力。

大学生应该自觉地培养良好的人际交往能力。在人际交往中，要保持我们民族善良、诚实的传统美德，要学会尊重他人，多为他人着想，这样才能得到他人的尊重；要学会既能干大事，又能做小事的本领，不能以"才子"自居，妄自尊大；要学会处理具体问题，既要坚持原则，又要不失灵活，以免贻误目标的实现。

根据管理学家的估计，在工作中失败的人，有80%不是因为他们的专业能力或工作动机的问题，而是因为他们无法与他人一起工作，无法与他人好好相处。许多大学生习惯通过网络交往，但网络生活与现实生活不同，不能将所有人际关系都寄托于网络，而忽视面对面的交流。

（5）求职应聘能力

求职应聘能力是大学生顺利就业的直接因素，它是实力、勇气和智慧的综合运用。求职应聘能力包括就业信息收集与处理能力、自我定位、机会分析与把握、自我决策与营销、求职技巧和方法运用等方面的能力。

随着信息技术的发展和全球化的深入，各个行业和岗位的变动越来越频繁，知识和技的更新越来越迅速，用人单位招聘时，不仅要求大学生掌握与岗位相关的专业知识和技能，而且对大学生的综合素质越来越重视。因此大学生要努力提高自身的综合素质，成为复合型人才，这样才能在走上社会后适应不同类型的职业。

4．相关经验的积累

当大学毕业生找不到工作的时候也许会把原因归于"没有工作经验"。但这个想法是错误的，原因在于你错误地认为"经验"就等于"工作经验"。用人单位在招聘时一般将岗位分为两类：面向在职者的，会有明确的工作经验要求；面向应届生的，拥有丰富的社会实践、项目经验、兼职经验、实习见习经验的学生往往更有优势。

因此，大学生在校学习知识的同时，应该多在实践中锻炼自己，比如担任学生干部，或者参加社团组织，通过组织学生活动，提高组织协调能力、书面和口头表达能力等。另外，参加一些勤工俭学、志愿者服务、社会调查等社会实践活动，或者结合所学专业，抓住学习与实践的契合点，借此了解社会，增长见识。将来一旦走上社会，不至于对社会现实毫不了解，还能将某些能力运用自如，从而提高自己求职的竞争力。

三、大学生就业能力的培养

缺乏就业能力，就业没有竞争力，这是目前大学生就业难的根本原因。随着高等教育改革的不断深入，高校也非常重视大学生就业能力的培养，建立以社会需求为导向的人才培养模式和机制，采取了调整现有的专业及学科设置、推进教学改革、实行学分制、对大学生进行就业指导等措施，调动大学生学习的积极性，使他们掌握了一定的职业能力。但在就业所需要的职业观念、知识、方法和专业技能等方面仍缺乏系统性培养，因此，作为大学生个体来说，需要制订一个个性化的就业能力提升计划，从各方面练就良好的就业能力。

（一）培养良好的人格品质，提升自身的职业道德

一个优秀的大学生应该具有诚实、敬业、勤奋、坚韧、正气、好学、执着、有理想、有追求、自律、自强的基本品质。在实际工作中，用人单位认为：能力可以在工作中锻炼，品质却需要较长时间来塑造，所以，大学生应严格要求自己，加强人格品质修养。

毕业生要想适应当今的职场环境，就要养成良好的职业道德与习惯。一要学法、知法、懂法、守法，加强自我修养，倡导"自律"精神，把遵纪守法、廉洁自律作为自身的行为准则。二要培养爱岗敬业的精神，"干一行、爱一行、钻一行、精一行"，要有强烈的事业心、责任感，热爱并专心致志做好本职工作，树立踏实肯干的工作作风。三要诚实守信，信守自己的职业承诺，近年来大学毕业生出现频繁跳槽、盲目"裸辞"的现象，许多用人单位对毕业生的职业忠诚度和个人信誉产生了较大怀疑，从而影响了用人单位录用、重用大学生的热情。大学生应该克服职业急躁情绪，规避急功近利的行为，提高自己的职业忠诚度，要有从基层做起、把小事做好、做好小事的意识。四要培育集体观念、培养团队合作精神，要树立服务理念，端正服务态度，懂奉献、知感恩。

（二）掌握扎实的专业知识，练就良好的专业技能

大学生要具备过硬的专业知识、专业技能和职业技能。大学生在校期间应该完成的最重要的工作就是专业知识的学习，在学习专业知识的同时提升自己的学习能力，如果你的学习能力特别强，有创新性的研究成果（如专业论文、专利发明）等其他人不具备的"硬通货"，那你就会成为用人单位的争抢对象。

大学生在校学习的目的主要是获取知识，并将其活化为相应的能力，因为知识并不能直接转化为能力，它必须借助技能来实现。大学生可以通过技能训练和职业资格证书考试，提高自身的职业规范、操作水平、多种岗位的适应能力和服务质量，提高实际工作能力以适应就业的需要。大学生还可以有意识地根据自身的专业、爱好、就业方向，积极参加相关专业职业技能培训，在短时间内快速提升自己，积累更多的经验，提升自身的就业实力和就业层次，从而使自己尽可能地满足用人单位职业资格证化、规范化的专业标准，顺利实现就业，提高就业质量。

（三）积极参加课外活动，培养和提高个人的综合素质

某人力资源部经理认为："职场上有其游戏规则，导致职场成功的往往是非学历因素。怎么样对待突发事件、如何进行团队协作、如何沟通汇报工作、如何解决工作难题、如何推销自己，这些都是大学生最需要了解和亟待掌握的。"其实导致职场成功的这些非学历因素，也同样来源于大学生活，来源于大学校园丰富多彩的课外活动、形式多样的各种社团活动，来源于各级各类的学生社会工作实践。积极参加课外活动和各种社团活动，主动承担学生社会工作，不断提高自身的综合素质和综合能力，这也是当代大学生涯非常重要的一门必修课。

（四）提升实践运用能力，丰富社会阅历

对大学生而言，缺乏工作经验，实践能力不强是普遍存在的问题。能力的发展离不开实践，实践是大学生增长知识、将知识转化为能力的外部条件，是能力生长的土壤。大学生必须深入社会，参与实践锻炼，才能真正实现将专业知识、专业素质转化成专业技能。实践的途径很多，常用的有以下几种。

一是在学校积极参加勤工俭学、志愿者服务、社会调查、学生组织管理工作等社会实践活动。

二是利用寒暑假，参加由学校组织的集体社会实践，如大学生科技、文化、卫生"三下乡"活动等。

三是利用假期自发参加社会实践调查，由学校提供介绍信、主题指导和效果评估。

四是积极参加课程见习、职业技能实训、毕业实习、顶岗实习等实践活动，尤其要重视在企业、学校等单位的顶岗实习。

顶岗实习是大学生以双重身份参与工作和学习，通过实习强化理论知识和实践技能、磨炼自己的意志和耐心以及为人处世的能力。同时，可以了解社会，了解企业的运作，熟悉企业文化，将自己融入企业和社会，将自己的理想与企业的发展统一起来。顶岗实习为自己提供了一个展示自我的机会，一定要把握这个机遇，最大限度地发挥自己的优势和特长，为自己创造脱颖而出的机会。通过一段时间的实习，彼此有了一个充分的了解，当用人单位对你持肯定态度时，你加入他们的团队也就是水到渠成的事了。

即使在顶岗实习的过程中没有机会让单位接纳你，你也可以通过顶岗实习检验自己适应环境的能力，认识新朋友，接触到相关领域的信息，学习到书本上没有的东西，为以后求职打下坚实的基础。因此，大学生一定要重视顶岗实习，以提升自我就业能力。

（五）提高应聘能力

走出大学校园的学生在具备了一定的理论知识、能力和素质之后，能否被企业录用，还需要毕业生在应聘之前进行大量有计划的准备工作，此时需要掌握一定的技巧。

首先，求职前要剖析自己，明确自己的职业目标，根据自己的职业目标和兴趣、能力及经历，精心准备自己的简历，在书写简历时要突出自己的优势。其次，要有针对性地收集用人单位的信息，了解其是不是自己所期望的、有能力有信心胜任的单位。

大学生都要经历面试，要正确对待用人单位的面试，以轻松而又自信的心态向用人单位展示自己的工作潜力，同时要注意掌握一些技能，可以有效快速地判断面试官提问题的目的，诚实而又有策略地进行回答。

此外，大学生要学会主动推销自己，保证在极短的面试中能被用人单位所了解和赏识。培养自己的自信能力是成功的保证。

思考与练习

1. 大学生就业能力有哪些构成要素？
2. 选定并分析自己的目标职业岗位的任职要求和工作职责，制订积累目标岗位相关工作经验的实施计划。

第二节　就业信息准备

案例导入

有心人小胡

小胡是位外省籍毕业生，农村出生的他深知毕业后想留在学校所在的城市就业，需要做长期的准备和不懈的努力。于是他从大一开始就申请到校就业指导中心勤工助学岗位工作，在那里他获得了国家、学校所在城市近几年或当年的毕业生就业政策，自己所学专业近几年的就业率及本市有哪些单位经常招聘本专业毕业生，这些单位有哪些用人特点和师兄师姐对这些单位的评价等。细心的小胡还专门准备了一个小本子，分门别类地详细记录了就业政策、心仪的用人单位地址、人事部门联系电话及重要领导、负责人等，并根据这些信息适时调整自己的学习和就业计划。经过三年的不懈努力，小胡终于抓住了去自己向往了三年的某单位实习的机会，并在实习结束后顺利地留在了该单位，同时也解决了他的档案和户口问题，最终实现了自己的梦想。

启示：

机遇总是垂青有准备的人。要想有所作为，大学生应该尽早确定就业的目标，从各种途径收集就业信息并分析鉴别，以便日后有效利用，同时自觉地把大学学习同今后的求职择业乃至将来的职业生活紧密地联系起来，为毕业后顺利就业做好充分的准备。

信息是竞争的关键，是大学生取得就业成功的重要条件。在求职过程中，积极主动地收集就业信息，认真细致地分析处理就业信息，科学有效地利用就业信息，就能获得求职择业的主动权，就能把握最佳的就业机会。

一、就业信息概述

（一）就业信息的概念

就业信息是指毕业生通过某种渠道获得，经过整合后对其求职择业有帮助的消息、知识、资料和情报。拥有大量有效的就业信息，是大学生顺利就业的重要基础。

（二）就业信息的内容

就业信息的内容较多，范围广泛，主要包括如下四个方面。

1. 就业政策方面的信息

毕业生就业是一项政策性很强的工作，学生在求职择业活动中，在办理就业手续过程中，必须注意收集、掌握、正确运用国家有关就业的方针政策，以及地方政府执行国家就业政策的具体规定。如所在市各县、区的招聘政策、人事代理政策、落户政策以及一些地区为了吸引人才而制定的优惠政策等。了解不同的地方政策，有助于大学毕业生在就业过程中进行地区选择。

2. 法律法规方面的信息

关于毕业生就业工作的原则，就业工作程序，政府、学校和中介机构的职责，用工单位、毕业生的权利和义务，毕业生就业市场和就业行为方面的内容，都属于法律法规类就业信息，如《中华人民共和国劳动法》《中华人民共和国反不正当竞争法》《中华人民共和国劳动合同法》等。作为毕业生，必须清楚地了解就业法律法规，学会用法律保护自己。

3．社会经济及行业发展信息

就业与经济紧密相连，了解经济信息主要是了解宏观形势、产业走向、企业投资状况、市场供求等。

随着经济的不断发展，产业结构一直在调整，相继诞生了新的职业，有些职业也在消亡。2022版《中华人民共和国职业分类大典》包括大类8个、中类79个、小类449个、细类（职业）1636个。与2015年版大典相比，增加了法律事务及辅助人员等4个中类、数字技术工程技术人员等15个小类、碳汇计量评估师等155个职业。毕业生要对社会职业方面的信息进行及时更新。

4．用人单位信息

大学生在选择单位时，往往会出现这样一些错误：对用人单位情况不甚了解，在择业时带有随意性和盲目性。如只挑城市而不问用人单位的性质、业务范围；还有的只图单位名称好听就盲目拍板等；这些都是片面的。为避免一些错误的认识，做到对用人单位有比较客观的评价，关键在于掌握用人单位的信息。用人单位的就业信息主要有单位性质和法律地位，工作或业务内容，生产项目或主要产品的名称；单位的知名度，发展前景；单位的岗位需求，人才结构，分工程度；单位的效益、福利、工资、奖金、住房、生活设施；单位的地理条件、工作环境等。

（三）就业信息的特点

1．真实性

真实是就业信息的首要特征。就业信息来自多种途径，有些信息是过时的，甚至是虚假的。近些年来，也有一些高校毕业生因为听信了虚假就业信息，上当受骗。有的被以培训费、违约押金等各种名目骗取钱财；有的被延长劳动时间，无偿使用劳动力；更有甚者，由于听信了虚假的就业信息，误入传销魔窟，被限制了人身自由。因此，要求高校毕业生对待就业信息要客观分析，冷静处理。并且，要从正规渠道获取就业信息，对没有把握的小道就业信息不要轻易相信。

2．时效性

就业信息有极强的时效性，即每一条信息都有时间要求，在规定时期内是有效的，过了一定时期就失去了它的意义和作用。因此，毕业生在收集、整理、处理求职信息时一定要注意信息的有效时间，争取及早对信息做出应有的反应，"机不可失，时不再来"这句话用在毕业生求职择业上也是具有现实意义的。对求职者来说，过时失效的信息不仅没有使用价值，而且还是有害的，它会使求职者徒劳往返，浪费时间、精力和钱财。

3．针对性

随着社会分工的进一步细化，用人单位对人才的层次、专业、性别、能力等方面的针对性提高了。就业信息本身必须能够说明它所适用的对象，以及该对象所应具备的具体条件。因此，就业信息的价值是相对的，一则招聘信息，对一部分人来讲是非常有价值的，而对另一部分人来讲则不一定有多大价值。就业信息的这一特点要求毕业生首先对自己有充分的认识，然后根据自己的知识、水平、特长、能力、性格、气质等方面的因素收集与自己有关的就业信息，避免收集范围过大难以把握。

4. 共享性

信息是一种资源，可以通过不同的载体进行传播，为社会各方所共享共用。就业信息的共享性还意味着就业的竞争，这种竞争并不仅限于本班同学、本校同学，还有其他高校的毕业生。所以在就业竞争中一旦获得某种就业信息，就应及时分析研究做出决断，以实现"捷足者先登"。

二、就业信息对大学生就业的作用

就业信息在毕业生择业的过程中发挥着至关重要的作用，具体表现在以下几个方面。

（一）有助于找准自己的位置，避开就业雷区

不同时期、不同地域，就业政策会有一定的差异，社会对不同专业毕业生也有不同的需求状况，大学生必须根据国家及地区的就业政策和社会需求状况适时调整自己的就业期望，并制订有针对性的择业计划。就业信息能帮助大学生在择业过程中有的放矢，有效地减少就业的盲区。

（二）有助于顺利解决就业中遇到的问题

毕业生在就业过程中可能会遇到各种各样的问题：如何签订就业协议，如何办理毁约手续，毕业离校时还没有找到接收单位该怎么办，如何办理改派手续……对于这些问题和可能发生的情况，各省毕业生就业主管部门和各高校制定了一些相关的文件和规定。毕业生熟悉或了解这些信息，就知道不同的应对方式，从而避免事到临头不知所措或想当然地去应付。

（三）有助于以最小的代价找到最理想的工作

在就业过程中，毕业生通过各种渠道收集需求信息，从中筛选出符合自身条件并且自己满意的用人单位，再通过多种渠道与用人单位联系，达成意向，最后签订就业协议。这种落实就业单位的方式同毕业生漫无目的地到处递送推荐材料比较起来，具有针对性强、成功率高、省时、省力、花销少等优点。

三、就业信息的收集

大学毕业生应当高度重视就业信息的重要性，积极主动、广辟途径地收集就业信息，把握选择的主动权，抓住就业机会，为成功就业奠定基础。

（一）获取就业信息的途径

收集就业信息，关键在于信息渠道广泛、畅通、可信度高，收集方法正确、适用。目前，大学生可以通过下列几种渠道获取就业信息。

1. 校内人才市场（就业指导部门）

帮助大学毕业生顺利就业是学校就业指导部门的工作，该部门对就业信息的占有量大于学校其他任何一个部门，信息可靠并且质量有保证，是大学生首先应充分利用的就业信息。但这些信息是学校每名大学生都可以获得的信息，自己的首选也可能是他人的首选，优秀的单位与岗位应聘竞争会比较激烈。

2. 校外人才市场或人才交流会

各地建立的人才交流中心、劳务市场就业咨询机构，是横向搜集信息的主渠道。这类单位会定期举办人才交流会、劳务洽谈会、招聘洽谈会等综合性人才招聘会，让用人单位与求职者（包括大学毕业生）能够供需见面、双向交流。由于其服务比较规范，大学生不仅可以直接获得许多准确真实的招聘信息，还因为是供需见面，所以可以抓住时机，果断决策，甚至当场签订协议。这类活动招聘单位多、地区广、专业齐，寻找就业的机会比较多。当前，多数大学生就是通过综合性人才交流会找到就业单位的。

3. 互联网

互联网是备受大学生青睐的求职渠道。用人单位和大学生将招聘信息及求职信息上网公开，通过网络互相选择、直接交流。网上获取信息的优势不言而喻，快速、成本低、信息量丰富。大学生可以自由地从网上获取各种就业信息，轻松地对工作类别、地区和需求等条件进行全方位智能查询，快速准确地查询到所需要的行业、职能、工作地点、工资等信息，在查询到合适的招聘职位后，还可以直接通过网站把简历提交给招聘单位，在很大程度上节省了求职者的时间，而且，网上求职无地域限制。

但是，网上的信息五花八门、真假难辨，大学生在选择网站和辨识信息时要提高警惕，一定要登录正规网站，及时下载重要的招聘信息，选择适合自己的岗位，有目的地递送自己的简历。同时，还要注意保护自己的私人信息，防止资料泄露带来麻烦。

4. 大众传媒

通过报纸、杂志、广播、电视等媒介获取需求信息，已经成为大学生获取信息的较为有效的途径。越来越多的报纸、杂志、电视栏目关注大学生就业，有些媒体还专门开辟"人才市场分析""求职直通车""就业政策咨询"等栏目，为人们的求职择业提供指导帮助。通过大众媒介提供的信息，不仅能了解具体的招聘单位，还可以获取当前人才需求的总体状况与发展趋势。当然，招聘广告面向社会，社会上任何符合条件的人都可以前往应聘，如果单位好、职位好，竞争会很激烈。另外，这也不同于学校和熟人提供的信息，其可靠性需考察、检验，避免因虚假广告而上当受骗。

5．人才中介代理机构

人才中介代理机构提供的就业信息多数面向有经验的工作者，但仍不失为毕业生搜集就业信息的补充渠道。中介公司推荐的职位信息一般具有针对性，成功率相对较高。毕业生可以主动出击与中介取得联系，但是这种求职方式的缺点也非常明显，中介机构是面向全社会的，并不仅针对大学生，而且是有偿服务。因此，选择人才中介代理机构搜集就业信息一定要谨慎，要选择实力强、声誉好、效率高、专业性强、得到有关部门许可的机构。同时，要对有关信息进行甄别、筛选。

6．社会实践

大学生在学校的社会实践活动有多种方式，如勤工助学、社会服务、顶岗实习以及毕业实习等。在社会实践过程中，大学生不仅可以通过自己的努力赢得用人单位的认可、培养社会实践能力、积累社会经验，还有机会关注到行业发展趋势、人才需求状况以及岗位用人要求等与大学生就业相关的信息，能加深对职业世界的了解，并在实践过程中弥补自身不足、改正缺点，从而提升自己的求职意识。通过社会实践获得的信息准确、可靠，一些毕业生就是通过在实习中获得准确、有效的信息而顺利实现就业的。作为毕业生，尤其应当重视顶岗实习和毕业实习，这些实习能直接与用人单位接触，不仅有利于开阔视野、学以致用，还可以更清楚地了解用人单位有关用人的需求信息，这种信息全面、准确。同时通过实习时的优秀表现，也能赢得用人单位的好感和信任，拥有了通向就业成功大门的钥匙。

7．各种社会关系

利用各种社会关系获得就业信息是非常有效的渠道。大学生身边的亲友、师长、校友等社会阅历比较丰富，社会交往广泛，拥有较多的社会资源，获取信息的渠道也更多，对毕业生各方面情况也比较了解，更容易提供符合毕业生要求的信息。这些信息一般可靠、及时、针对性强，价值相对较高。所以，大学生要善于利用这些社会关系，拓宽就业信息来源。但其信息量小，没有比较、挑选的余地。

综上所述，就业信息有多种来源，各种来源信息互为补充。大学生要熟练掌握、灵活运用，在搜集信息的过程中，要注意投入和产出的关系，尽量选择适合自己的求职信息渠道，降低求职成本。

（二）收集就业信息的原则

收集就业信息应力求做到"早""广""实""准"。

1．所谓"早"，就是收集信息要早准备、早动手，收集到信息后及时处理，从而赢得就业的主动。

2．所谓"广"，一是信息收集渠道要广，要广泛收集各个方面、不同层次的就业信息；二是收集信息的视野要广，有的同学只注意搜集与自己预先设定的求职目标相关的就业信息，放弃或忽视了非求职目标相关的就业信息，这样会错失一些就业机会。

3．所谓"实"，一是收集的信息要具体，用人单位的名称、性质、地点、环境、企业文化、发展前景、用人制度、招聘岗位的基本要求、联系方式、招聘方式等各方面信息掌握得越具体越好；二是收集的信息要真实，可以通过上网等形式考查用人单位招聘信息的真实性。

4．所谓"准"，就是要做到准确无误。为了保证这一点，必须从两个方面入手：一方面要掌握用人单位需要什么层次、什么专业的人才，在生源属地、性别、相貌、专业、学历、外语水平、计算机能力、专业知识、技能等方方面面有什么具体要求都要准确把握。另一方面，用人信息具有极强的时效性，要注意你所了解的就业信息是否在有效期内，是否用人单位已物色到较为理想的人选，这些情况都要搞清楚，绝不能似是而非，否则会浪费你很多的时间、精力和财力，造成不必要的损失。

四、就业信息的分析处理

结合自己的实际情况，根据国家有关政策、法规对广泛收集来的信息进行有目的、有针对性的筛选、整合、分析和选择，信息既蕴藏机会，也可能潜伏陷阱，有时无比珍贵，有时却是一堆"垃圾"，我们要认真分析鉴别，去伪存真、去粗存精。只有当信息具有准确性、全面性和有效性时，才能更好地为自己提供就业决策。

1．确定信息的真实可靠程度，有些就业信息纯粹是骗人的，有些是为了追求广告效应，有些是为了骗取廉价劳动力。当前，尤其要警惕由校友或老乡介绍的所谓高福利工作，这往往是传销骗局，一定要识别真伪。对于不可靠、不能辨别真伪的信息要通过各种信息渠道向知情人士打听，对那些道听途说、可信度低、可靠性差、失效的就业信息要及时删除。

2．鉴别信息的内容是否齐全。一般来说，一则比较好的就业信息应包含以下要素：一是工作单位全称、单位性质、上级主管部门、单位的发展趋势及远景规划，单位在整个行业中的排名或在整个社会经济结构中的地位；二是对从业者政治思想、道德品质、工作态度、学历及学业成绩的要求；三是对从业者职业兴趣、职业能力、职业气质等职业心理方面的要求；四是对从业者职业技能和其他方面才能的特殊要求；五是工作地点、工作环境、工作时间及对个人收入、福利待遇等作出的明确规定。

值得注意的是，有些用人单位往往只宣传自己的优势，少讲或不提劣势，这就需要毕业生事先对它们的情况进行充分的调查和了解，做到心中有数。如在信息中发现想知道的细节缺失或者不清楚时，毕业生可通过调查、实地考察、文献资料查证、电话/邮件确认、主管机构判断以及在应聘时向主聘人现场提出等方式，对就业信息进行审核并筛选，使之可利用。

3．根据自身实际情况和求职目标定位筛选有效信息，就业信息不是越多越好，应遵循既符合社会需要又能发挥个人优势的原则。选择与自己专业、兴趣、能力和特长相匹配的信息，减少相关度低甚至无关的就业信息的干扰。

4. 及时判断信息的时效性，一般来说，就业信息有很强的时效性，越新发布的信息越有价值。如果遇到那些写着"长期有效"的就业信息时，大家要提高警惕。

总之，做决定前要仔细鉴别、斟酌，只有这步工作做好了，才能保证随后的工作可以按照正确的方向进行下去。相反，这步工作判断错误，则会让毕业生的求职过程一开始就处于被动，很可能对自己的心理和行为带来负面影响。

五、就业信息的应用

大学生收集、整理信息的最终目的是有效地利用这些信息，为自己的就业服务，那么如何才能利用好收集来的信息呢？

1. 根据所学专业和想从事的行业方向选择、利用收集到的信息。大学生在利用收集到的就业信息时，应优先选择与自己所学专业相近的需求信息。比如，电子信息专业的毕业生在选择、利用信息时，就可以使用电子类信息、计算机类信息等。但毕业生一味强调需求信息与所学专业完全一致而不看单位的实际需要，抑或根本不管需求信息与所学专业是否相关而只看用人单位经济效益的好坏，这两种做法都是不明智、不可取的，大学生应该尽量避免。

2. 就业信息的时效性强。就业信息一旦选定，就要不失时机地主动与用人单位主管人员联系，询问应试的方式、时间、地点和要求，并准备好完整的求职材料。使需求信息尽早变成供需双方深度沟通的桥梁。

3. 根据筛选出来的就业信息的招聘条件和岗位要求对照检查自己的不足，想办法及时弥补。如用人单位需要熟练的电脑打字技能，就应突击进行强化训练，以达到用人单位的要求。这一做法尽管在毕业前的有限时间内稍显仓促，但比无动于衷依然故我的做法要好得多。

4. 及时输出对他人有用的信息。有些信息对自己不一定有用，可是对他人十分有用。遇到这种情况，千万不要抓住这些信息不放。你能主动输出对他人有用的信息，不仅对他人是种帮助，也增加了与他人交流信息的机会，以后可能也会从别人手中获得对自己十分有益的信息。

思考与练习

1. 就业信息对大学生就业有哪些积极作用？就业信息有哪些来源？对收集来的信息该如何处理？

2. 按照课程提示试着做一次就业信息的收集和处理练习。

（1）你获取就业信息的主要途径：_____

（2）你怎样处理所获取的就业信息？_____

（3）结果如何？_____

第三节　就业材料准备

案例导入

路小荷的求职之路

路小荷于家乡一所大学的城市规划专业毕业后，立刻投入求职大军中，因为专业的局限性大，在各大人才市场都无功而返。小荷思虑再三，决定到北京去碰碰运气，但还是四处碰壁。于是她求助于职业咨询师，初次见到职业咨询师的时候，只是毫无信心地提出希望在北京找到一个听起来好听一点的公司，干什么工作都无所谓。她还诚恳地告诉职业咨询师，她之所以期望值这么低，一是因为她已被许多单位拒之门外；二是她自己没有什么优势，学校没名气，专业不热门，自己在校期间也没什么突出的表现，简历上唯一的优势就是英语过了六级。因此，她虽然去过许多人才市场，但只敢把简历投递给专业对口的单位。经职业咨询师反复询问，了解到小荷的同学和老师喜欢找她帮忙打材料，便根据这一情况指导她修改了简历，重点强调她的汉字录入速度为120字/分钟，曾在学校帮同学和老师录入过很多资料，这也说明她工作踏实认真。最后职业咨询师建议她应聘有工程背景的外企行政文秘类职位。

小荷拿到这份简历时，极度不自信，她觉得自己以前没能顺利找到工作的重要原因是简历没有吸引力，但以前两页纸的内容自己都嫌少，现在还只剩下一页纸，会有人愿意看吗？更何况又是应聘外企。在职业咨询师的鼓励下，她硬着头皮投递了简历。

结果出乎小荷的预料，她投递简历后很快得到了面试通知，在面试中，按照职业咨询师的指点，仅两轮考核就成为某外资企业的部门秘书。

启示：

在求职的过程中，简历、求职信等自荐材料在大学生择业过程中所发挥的作用越来越大，针对应聘职位的要求，有侧重地展示自己的能力优势以及相关专长，是最能吸引招聘人员的地方。在就业竞争日益激烈的今天，如何让自己在众多实力相当的竞争者中脱颖而出，一份客观、全面而富有个性的求职材料便成为有力的助推器。

大学毕业生在掌握了信息收集分析和评估后，掌握基本求职方法与技巧，对抓住就业机会、尽快找到自己理想的工作岗位是十分必要的。求职材料是毕业生用来和单位取得联系最常用的办法之一。在求职择业过程中，求职材料有着举足轻重的作用，推荐、面试、录用都离不开它。

一、求职材料的内容

求职材料是反映大学生综合素质和综合实力的书面材料，也是用人单位了解求职大学生学习、能力、品德、特长等各方面情况的重要途径。它是毕业生与用人单位之间交流信息的载体，求职材料的好坏直接影响就业。因此，毕业生精心准备求职材料，是成功就业迈出关键的第一步。

求职材料一般包括封面、求职信、个人简历、就业推荐表、学习成绩证明、毕业证（学历证明）、相关证书（如各类资格证书、能力证书和荣誉证书等）、其他材料（如发表的论文、科研成果、设计作品等）。

在求职材料中，特别重要的是写好具有说服力和吸引力的求职信与个人简历，它是进入心仪工作单位的"敲门砖"。

二、封面的制作

封面包括以下内容：学校名称（可附上学校的标志性图案）；院系、专业名称；个人姓名；联系方式（通信地址、联系电话、电子邮件地址等）。

封面是整个求职材料的"脸面"，封面设计既要美观、有个性，又要突出主要内容，但不能过于花哨。成功的设计会给用人单位留下良好的第一印象；若设计不成功，可能直接影响用人单位对求职者能力的评价。

如果学校为毕业生统一制作了推荐材料封面，毕业生就不必再自己制作了。

三、求职信的撰写

（一）求职信的概念

求职信是求职者向用人单位介绍自己情况以求录用的专用性书信。目的是让对方了解自己、相信自己、录用自己，它是一种私人对单位并有求于单位的信函。主要向用人单位介绍自己的情况，让单位了解自己并对自己感兴趣。

（二）求职信的内容和格式

求职信作为一种信函，具有一般信件的规范格式。主要由标题、称谓、正文、结语、落款、附件等部分构成。

1．标题

求职信的标题通常只有文种名称，即在第一行中间写上"求职信""自荐信"或"应聘信"。

2．称谓

称谓是对阅读信件的人的称呼，写在第一行，要顶格写单位名称或个人姓名，在称谓后附上冒号。求职信的称呼比日常书信所用称呼要正规，比如可以用"尊敬的××处长（或科长等)""尊敬的××经理(主管等)"等称呼;还可以直接称阅读者的职务头衔,如"××物流公司人事处处长""××银行人事部门主管"等;也可用"尊敬的领导"或"尊敬的人事部门领导"等。阅读者可能是录用你的人,要特别注意此人的姓名和职务,书写要准确,千万不能马虎。一般的称呼会显得求职者不熟悉应聘的组织,而给阅读者留下求职者对这份工作不够热情的印象。

求职信的目的在于求职,因而称谓要求严肃谨慎,要有礼貌,不能随随便便,也不能过分亲昵,以免给人以阿谀、唐突之感。至于"亲爱的先生"或者"亲爱的夫人"等称谓,也是不可取的。称谓后的问候语一般应为"您好"而非"你好",更不能用"您们好"。

3．正文

正文要另起一行,空两格后写求职信的内容。正文一般由开头、主体、结尾三部分组成。正文内容较多,要分段写。

(1) 开头

求职信的开头部分主要写明求职者的基本信息,如姓名、年龄、性别、毕业院校与专业等,表明愿意到该单位工作的求职意愿、所求取的相关职位。还要说明从何渠道得到有关信息(求职信息来源)以及所申请的具体职位,如"我叫李然,女,21岁,毕业于××科技职业学院大数据与会计专业。衷心地感谢您能在百忙之中浏览我的求职信。我从《南昌晚报》上看到贵公司招聘一名专职会计人员的消息,不胜喜悦,在此冒昧地毛遂自荐,希望能成为贵公司的一名会计人员"。

这部分介绍情况要简明扼要,对所求取职位的态度要明朗。为了吸引收信者有兴趣读下去,开头要有吸引力。

(2) 主体

主体是求职信的核心部分,主要是向对方阐明自己所具备的各方面能力和优势。内容主要包括专业知识与能力、社会实践能力和个人兴趣、业余爱好,特长等。

专业知识与能力方面,要着重介绍自己的专业特长,讲明自己对相关专业知识的掌握程度及相应的技能水平。如果能提供客观数据或获奖证明(比如参加各种专业技能比赛等),则更具说服力。凡是通过国家统一级别考试的,要具体如实地报出级别。

社会实践能力方面,可以用具体事实说明自己曾从事过的各种社会实践活动(包括实习、兼职、培训进修、学校组织的各种社会活动等),并对自己的工作能力作出客观评价,并表明自己的工作态度。

个人兴趣、业余爱好、特长方面,可以写自己各个方面特殊的、突出的业余爱好及特长。用人单位选拔人才时比较注重个人的综合素质,需要的是"一专多能"的复合型人才。

(3) 结尾

结尾可以再次强调自己的求职意愿,提出希望和要求。如希望对方能给自己一个面试的机会、盼望答复、静候回音等。在此部分可以写上自己的具体联系方式。

4. 结语

结语需要用表示敬意、祝福之类的词语，如"祝贵公司财源广进""顺祝愉快安康""此致敬礼"等。

5. 落款

落款包括署名和成交日期。写信人的姓名和成文日期写在信的右下方，成文日期写在姓名下面。

6. 附件

有说服力的附件是鉴定求职者的凭证，是不可忽视的组成部分。附件不需太多，但必须有分量，足以证明自己的才华和能力。求职信中提到的相关业绩和能力最好在附件材料里得到佐证，比如个人简历、身份证、学历证书、专业等级证书、职业资格证书、各种获奖证书、发表的论文（文章）、科研成果、专利等。附件可在信的结尾处注明。

（三）撰写求职信的注意事项

1. 重点突出，言简意赅

求职信要在第一时间吸引招聘方，将最重要的信息充分显示，篇幅不能过长，三五百字为宜。

2. 突出个性，彰显特色

面对不同的招聘单位和职位，求职信在内容侧重点上要有所不同，必须有很明确的针对性，切忌千篇一律，没有自己的特色。只有突出自己的个性并很好地找到招聘岗位要求和自身条件匹配点的求职信，才能被招聘者赏识。

3. 实事求是，不卑不亢

求职信内容一定要真实，行文切忌夸大其词。

4. 语句通顺，文字流畅

求职信一般要求打印，做到文字工整、美观，不要出现错别字，语句流畅通顺，文字通俗易懂，切忌用华丽的辞藻进行堆砌，少讲大话、空话和套话。

求职信案例

求职信

尊敬的领导：

您好！

我叫夏晴朗，女，21岁，毕业于××生物科技职业学院教育艺术系学前教育专业。衷心地感谢您能在百忙之中浏览我的求职信，希望能有机会成为贵公司的一员。

在校期间，我以专业第一的成绩修完了全部专业课程，获得过两次奖学金，多次参加教育艺术系主办的幼教风采活动并获奖。通过努力我考取了"1+×"母婴证书、普通话二甲证书、幼儿园教师资格证、保育员证、英语四级证书等。

除认真学习专业课程外，我还积极参加学校班级组织的各种社会实践活动，积累了许多经验，曾担任教育艺术系学生会宣传部部长、心理健康协会负责人，作为学院舞蹈社团的一员，代表学院参加了全省大学生文艺汇演并获奖，大二上学期我作为第一创作人编导的心理情景剧《远方的呼唤》，荣获学院心理情景剧比赛一等奖。在班级担任团委副书记，因认真、踏实的工作态度得到老师和同学们的认可，荣获学院"三好学生"称号一次、"优秀团干"称号两次、"优秀班干"称号一次。

大三期间，我在心桥幼儿园实习，担任副班，协助主班老师实施教学、游戏及其他活动等，积累了丰富的专业实践经验。实习结束，因为表现优秀被评为"优秀实习教师"。

我是一个积极乐观的人，性格活泼开朗，待人真诚，并喜欢交朋友；工作认真负责，积极主动，能吃苦耐劳，勇于创新；有上进精神和团队协作精神，具有较强的适应能力；纪律性强，工作中懂得相互配合。

希望贵公司给我一个努力工作、施展才华、发挥潜能的机会。如需面试请告知，我必准时赴试。

此致

敬礼！

夏晴朗

2022年5月26日

联系电话：××××××××××
电子邮箱：xiaqinglang@×××.com
联系地址：××省××市××区××街××号

四、个人简历的制作

简历，就是对个人学历、经历、特长、爱好及其他有关情况所作的简明扼要的书面介绍。对应聘者来说，个人简历是最重要的求职材料之一。招聘单位的人事部门主要通过个人简历来了解应聘者的情况，决定是否给予面试机会。无论通过哪一种招聘渠道，都需要提供个人简历。

（一）个人简历的类型

常用的简历一般分为条文式简历和表格式简历两类。

条文式简历就是用文字来描述自己的经历，如个人基本情况、工作经历、个人成绩、奖励情况等。条文式简历的好处是便于求职者详细地、完整地介绍自己的有关情况。

表格式简历是以表格的形式分栏目介绍个人情况，比较简练，一目了然，是许多大学生喜欢采用的个人简历形式。特别是经过计算机进行文字处理后的表格式简历，更加规范、美观。

（二）个人简历的内容

简历的正文一般由七部分组成，即基本信息、求职意向、教育背景、工作（实践）经历、获奖情况、职业技能和自我评价。求职者可结合自己的背景和特点，对各部分内容及排列顺序进行调整，不是所有项目都必须涉及。

1. 基本信息

简历包括求职者的姓名、年龄、性别、民族、籍贯、政治面貌、学历、学位、婚姻状况、兴趣爱好、健康状况、家庭住址、联系电话、电子邮箱和照片等内容。这些信息不必一一写明，可视个人及应聘岗位情况增减。

2. 求职意向

求职意向也叫求职目标，它是求职简历的灵魂。简历中对自己的能力、经历等介绍都是针对特定的求职意向而设计制作的。如有多个目标，最好分别撰写不同的简历。若应聘大公司不同部门的不同岗位，则需写几份不同的简历，各申请一个职位，以便对方转给不同的部门负责人；若应聘小公司或同一个部门的两个岗位，则可把两个目标连在一起写，如"应聘行政助理或助理工作"。求职意向越具体、针对性越强，获得面试机会的概率就越大。

最佳的求职意向写作方法应该是：行业+职位名称，或者是精准的职位名称。

3. 教育背景

教育背景包括毕业学校、毕业时间、所学专业、主修课程、英语水平、计算机水平等。毕业院校、所修专业要写全称；毕业时间要具体到月份；主修课程只列写专业主体课程，突出相关的、高分课程；英语、计算机技术水平在陈述等级之外，对实际能力要适当描述。应该尽可能扬长避短，重点强调自己最近几年所受的教育和培训（进修）情况，包括与应聘工作有最直接关系的特别课程或活动。

4. 工作（实践）经历

此部分为简历的核心内容，主要包括专业实践、社团实践和志愿者实践。一般是先写近期的，其他按照年代顺序依次写出。毕业生主要写社会活动与实践经历，尽可能列出所有有意义（尤其是与职业领域相关）的社会经历（如乡村支教、暑假义工、社区助残、短期打工、兼职家教等）与实践经历（如毕业实习、勤工俭学、社团工作、助教助研、编辑刊报、主持活动等），写自己从中学到了什么技能，提高了哪些能力。所列出的技能一定要与自己应聘的岗位相符合，最突出的技能应该是最接近岗位要求的，而不一定是最拿手的。讲述工作经验时，不要只针对工作本身，业绩和成果更为重要，要表明自己的技能、专业知识在工作中所起的作用及最终的良好结果，最好做到具体化、数字化、精确化。

5．获奖情况

荣誉包括在校期间获得的"优秀学生""优秀学生干部""优秀团员""优秀团干"等荣誉称号，以及各级各类奖学金、技能竞赛奖项、文娱体育活动奖项等。如果在校期间参与了课题、科研项目，发表的论文、取得的重大成果（结题的科研项目）、撰写的论文（注明是否已发表）也可以在此条目列出。

6．职业技能

注明自己所具有的各种能力，包括专业知识技能（专业课程能力、应用性操作能力）、通用知识技能（外语、计算机应用能力及等级证书）等，写明大学期间获得的各类职业资格证、职业技能证、英语等级证、计算机等级证、驾驶证等情况。

7．自我评价

用精练的词概括自己的优良品行、性格特点、爱好特长等，简明扼要地表明自己的最大优势所在，突出专业、能力、经验等方面与所应聘职位的高度匹配，给招聘方一个想要与你见面的理由。

自我评价应当客观、全面而富有个性。自我评价必须是在正视自己、面对现实的基础上做出的，千万不要有虚假成分，如夸大自己的能力、优点或工作经验等。自我评价既包括自己的特殊素质，又包括综合素质；既包括自己的优点，也包括缺点。自我评价尽可能避免千篇一律，可以用短诗表明生活态度，或引用经典名句阐述人生志向，也可以引用师友的评价，建议侧面表达。

8．联系方式

邮箱、QQ号码、微信号码、移动电话、固定电话、通信地址、邮政编码等，放在正文之后或置于个人概况栏均可。

(三) 个人简历制作的注意事项

1．内容真实

个人简历要诚实地记录和描述，能够使阅读者产生信任感，而用人单位对求职者最基本的要求就是诚实。个人简历不能弄虚作假、编造经历。

2．用语简明

招聘人员每天要面对大量的求职简历，一般都粗略阅读和筛选，如果简历的篇幅很大，招聘人员缺乏耐心，难免漏看部分内容，这对求职者是很不利的，尽量一页A4纸张完成即可。

3．突出重点

重点突出才会给人留下深刻印象。个人优势部分是整份简历的点睛之笔，是最能吸引人的地方。

表格式简历模板

个人简历

应聘单位：　　　　　　应聘职位：　　　　　　　　　年　月　日

姓　名		性别		民族		照片
		籍贯		政治面貌		
出生年月		身高		婚否		
户籍所在地				身份证号码		
毕业院校				毕业时间		
学习专业				爱好特长		
个人履历						
时　间	学　校	学　制	学　历	专　业	担任职务	备　注
外语应用水平		计算机应用水平		职业期望		
工作经历	时间		工作单位		职务	
个人评价						
联系方式	联系电话			E-mail		
	通信地址			邮　编		

条文式简历模板

求 职 简 历

基本信息

姓名：×××　　　　性别：×　　民族：×　　籍贯：××（省）××（市）

出生年月：×年×月　　　　　　　　学历：大专

毕业学校：××省科技职业学院　　　专业：国际经济与贸易

住址：××省××市××区××街××号　　邮政编码：×××××

联系电话：×××××××　　　　　　电子邮箱：××××@××.com

求职意向

销售部主管

工作经历

2018年5月至今，担任××瓷器公司市场部业务员。

主要负责与经销商签订经销合同，办理产品的包装、运输、保险等相关事宜；负责货款结算、产品售后跟踪、收集市场反馈信息以及开拓新的销售渠道等；负责公司新业务员的培训，在实际工作中具体指导和协调新业务员的销售工作，多次受到公司的表彰。

2017年12月至2018年4月，在×××公司做市场调查员。

主要负责以电话形式向客户听取产品意见，并填写相应的表单转报给公司。

教育经历

2014年9月至2017年7月，就读于×××省××职业学院国际经济与贸易专业。

在校期间学习成绩优秀，担任学生会干部，工作认真负责，多次被学院评为优秀学生干部、优秀团干部、个人标兵等。

专业资格

2015年7月至2015年9月，×××省××职业学院，通过外销员考试。

2016年3月至2016年6月，×××省××职业学院，通过报关员考试。

外语水平

高等学校英语应用能力考试A级。

可与外商进行日常沟通，熟悉业务范围内常用英文术语。

电脑操作

能够熟练使用常用办公软件。

个人评价

非常热爱市场销售工作，有十分饱满的工作激情。在四年的陶瓷市场销售工作中积累了大量的实践经验和客户资源。与海内外主要的20多家陶瓷经销商建立了十分密切的联系，并在行业中拥有广泛的业务关系。在去年省陶瓷博览会上为公司首次签订了海外的订单。能与团队成员密切协作，共同取得优异的销售业绩。

五、相关证明材料

（一）就业推荐表

就业推荐表是学校对毕业生在校期间综合情况的证明。由于毕业生在寻找工作时尚未毕业，它还是毕业生向用人单位证明自己毕业生身份的有效证明。

就业推荐表在形式与结构上是固定和统一的，由学校统一发放。一式三份，签约完成后用人单位、学校和毕业生各存一份。

就业推荐表在求职材料中具有十分重要的地位，它是学校为毕业生特别准备的求职材料，具有权威性，能够实事求是地反映毕业生的综合表现，用人单位对此有较高的信任度，把它放在求职材料中可以增加求职信息的可信度。

因此，填写就业推荐表是一件十分重要的事情，需要高校毕业生严肃认真对待，确保填写规范。填写的具体要求如下：

1. 用黑色（蓝黑色）钢笔或签字笔如实填写，字迹要清晰端正，无错别字，无涂改。
2. 要认真阅读"填表说明"，按要求填写。
3. 照片用小一寸的免冠证件照片（彩色、黑白均可，以彩色为佳）。
4. "求职意向"由毕业生本人根据自己的实际情况填写。
5. "院系推荐意见"一栏由毕业生所在院系负责人填写（或指定人员具体负责填写），加盖所在院系公章。推荐意见要概括地、实事求是地反映和评价该生在校期间德、智、体等各方面的表现，突出其优点、特点，不足之处用提希望的形式指出。
6. 以班或系为单位到学校就业办加盖"同意推荐"章及学校公章。

毕业生在双向选择的过程中，可以使用推荐表的复印件进行自我推销。只有在与用人单位签订协议时，才需要向用人单位提交推荐表的原件，因此一定要保管好推荐表。

（二）学习成绩单

学习成绩单记录大学期间所学课程（包括选修课）的成绩，由教务部门盖章，供用人单位真实地了解学生在校所学课程和学习成绩。

（三）相关证书

证书是证明求职材料的真实性和求职者各种能力的有力佐证，包括各种证件和证书，如身份证、学生证、学历证明（毕业证书）、能力证书、荣誉证书等。

1. 学历证书

包括毕业证书、学位证书、各类学历证书和结业证书。

2．荣誉证书

荣誉证书包括"三好学生""优秀学生干部""优秀团员""优秀毕业生"等，及各类奖学金证书，以及校级以上社会实践、征文比赛、文艺演出、体育运动会、社团活动等各类活动的获奖证书等。

3．能力证书

能力证书包括职业资格证书、职业技能证书、英语等级证书、计算机等级证书、驾驶证等。

为防止证书在投递过程中丢失，可用复印件，一般用人单位在决定录用时要检查原件，所以原件一定要妥善保存。

4．其他材料

其他材料一般是指在正式出版物上发表过的文学作品、科研论文、美术设计作品、音像作品、摄影作品及各类小制作、小发明等材料。这些材料也是毕业生的拳头产品，是敲开用人单位大门的有力武器。

思考与练习

1．结合本人实际准备一份完整的求职材料。

2．技能实训：

某大宾馆因工作需要，需招聘大堂经理、公关助理，以及餐饮、客房部领班、服务员、保安员数名。

有一位35岁的下岗女工毅然前往应聘。她认为自己有如下优势：在原单位担任过保卫干事，熟悉保安工作的规律与特点；女性善于察言观色，第六感觉特棒，非常细心；受过专门训练，学过擒拿格斗的基本技巧，而且还业余学过柔道；体格健壮等。

请根据她的优势，帮她确定一个应聘岗位，然后代她写一封应聘书。

3．人无完人，我们如何在真实的简历中述说和描述自己的不完美，即如何突出自己的优势，淡化自己的劣势呢？对以下几种常见的问题，大家以小组为单位，以头脑风暴的方式说出自己的解决方案。

（1）成绩偏科如何解释？

　　_____

（2）缺少专业相关实习经历如何自圆其说？

　　_____

（3）因参加学生活动，而使自己成绩挂科怎么办？

　　_____

（4）学校没有名气怎么办？

　　_____

第三章 大学生就业心理分析

思政目标

- 着重就业能力和心理素质的培养,提升大学生职业素养。
- 加强职场情商培养,提高内在修养。

学习目标

- 了解就业中常见的心理误区,学会就业心理调适。
- 培养良好的心理素质,提升就业竞争力。
- 了解情商重要性,培养大学生职场情商。

第一节 大学生就业心理调适

案例导入

李同学毕业于某高职院校,专业为计算机应用技术。在求职之初,屡试屡败。一天下午,他走进就业指导中心寻求帮助,老师让他回忆前几次面试中自己有何失误。想了一会儿后,他说看同学们都在参加某企业校招,害怕自己落后,于是在并不了解企业的情况下投了简历,虽然勉强进了面试,但他过于紧张,说话没有条理;在某集团面试中,面试官问他的职业理想是什么,他支支吾吾半天说不上来。在老师的帮助下,李同学认真总结了自己在几次面试中的失败教训,自觉调整心理状态,终于在一家国有商业银行面试成功。

启示：

就业是人生的重要转折点，也是学子们最为关心的问题。大学生对人生的期望值比较高：一方面，他们渴望毕业就找到一份好工作，希望早日走进社会，施展自己的抱负；另一方面，由于就业越来越困难，部分毕业生在求职过程中产生了种种矛盾心理，迷茫和困惑严重干扰了他们的就业心态，只有不断进行心理调适才能走向成功。

一、大学生就业中常见的心理误区

求职就业阶段是大学生人生发展历程中的重大转折时期，是大学生从"自然人"向"社会人"过渡的重要阶段。由于外部环境因素、学生自身因素等多种因素的共同作用，许多大学生在求职过程中，呈现出自我认可度高而人际协调能力低，成才急切度高而抗挫折能力低等就业心理特征。这种心理上的缺陷，严重影响了大学生求职就业活动的顺利开展。大学生求职就业过程中存在的心理误区主要表现为以下几方面。

1. 盲目攀比心理

攀比心理通常是以"自我"和"虚荣"为基础的，追求的是"别人有的我要有，别人没有的我也要有"，以此来获得心理满足。很多大学毕业生在寻找、选择就业单位时，缺乏对自我的客观分析，往往是拿自己身边同学的就业标准来定位自己的就业标准，攀比选择知名度高效益好、区域好的单位。在这种心理作用下，即使某单位非常适合自身发展，但因某个方面比不上同学选择的就业单位，就彷徨放弃，不考虑自己的实际情况，延误时机。盲目攀比的结果只会让自己错过很多成功的机会。

2. 急功近利心理

有的学生在毕业时以工资高、效益好作为择业标准，很少考虑个人的职业理想、职业规划，甚至为了暂时的功利抛弃所学的专业。这种心理可能会暂时使大学生得到一些利益和满足，但从长远发展来看并非明智的选择。

3. 自卑心理

在竞争激烈的求职场上，部分毕业生因社会承认度、学历等原因，自卑心理十分严重，认为自己的专业知识和综合素质不如重点高校毕业生，从而过低地估计了自己，失去了很多就业机会。他们在求职场上缺乏自信心，缺乏勇气，不敢和他人竞争，不能成功地推销自己，或因求职屡次受挫，产生强烈的自卑心理和逃避现实的心理，有的学生甚至不敢再进行求职活动。

4. 自负心理

与自卑心理相反，有些学生过高地估计自己。持这种心理的学生，多为一些自身条件较好，工作能力较强的学生。他们大多自我感觉良好，在求职择业上，好高骛远，期望值过高。

在这种心理的支配下，就很容易脱离实际，使自己的择业目标与现实之间产生较大的反差，从而在择业时缺乏自知之明而失去良好的就业机会。

5．依赖心理

大学生崇尚自我和自我价值的实现，可在择业中又缺乏自主性，存在很强的依赖心理。这些依赖心理主要表现在对社会、学校和家庭的依赖。部分大学生不能主动适应市场经济的要求，存在"等、靠、要"的思想，缺乏进取精神和独立拼搏意识，在就业选择过程中过分依赖家长、学校或社会，不主动，不敢面对竞争，只是消极等待。

6．从众心理

大学生处于人格逐渐完善和成熟的阶段，很容易陷入"从众"的心理怪圈。部分大学生在择业时没有明确的定位，不了解自己的优、劣势，缺乏独立的见解，面对来自四面八方的求职信息，不是从自己的实际情况做出切合实际的选择，而是人云亦云，盲目从众，追逐热门，忽略了个人条件和可能性，给求职带来困难。

7．害怕失败心理

在就业过程中，大学毕业生往往希望一蹴而就，能够顺利就业，害怕失败，应聘面试时总是忐忑不安，害怕自己的一个疏忽或失误导致求职失败。当经历失败后总是忧心忡忡，产生回避心理，失去自信心，认识不到自己的优势，导致自己的素质和能力水平得不到应有的发挥。这些导致他们在众多的竞争者面前自我设限，错失许多机会，从而严重影响了就业。

8．不平衡心理

部分大学生或因自身综合素质和能力不足，或因时机把握不准而找不到理想的工作单位。这些学生往往怨天尤人，从而产生不平衡心理。这种不平衡心理往往导致少数大学毕业生对社会、对人生产生偏颇看法。

二、大学生产生就业心理误区的原因

毕业生在就业中出现心理误区的原因是多方面的，既有社会方面的原因（如地区之间生活条件的差距以及社会经济形势对就业形势的影响等），也有家庭教育方面、学校教育方面的原因，还有毕业生自身的原因。这里着重对后两方面的原因进行分析。

（一）学校教育方面的原因

首先，相对封闭的教育，使毕业生对各种职业的特点缺乏必要的了解。我国的高等教育基本上是在校园里进行的，大学生绝大多数时间都是在教室—宿舍—食堂"三点一线"中度过的，社会实践严重不足，这种教育模式使大学生的学与练脱节，缺乏对不同职业特点的了解，更重要的是缺乏在实践中检验自己、提高自己的机会。事实上，相当一部分毕业生在面临择业的时候是很盲目、很模糊的，出现焦虑紧张情绪和其他心理问题在所难免。

其次，就业指导工作的滞后，使毕业生缺乏择业基本能力的训练。毕业生对用人单位的具体情况缺乏必要的了解，同时对自己的个性、能力、长处和不足没有正确、足够的认识。不少大学生毕业在即，脑子里只知道一些书本知识，至于如何获得用人单位的青睐、如何与别人合作、如何走向社会和适应社会，在思想和能力上都毫无准备。

（二）毕业生自身的原因

1. 自我定位不准确

常言道：知人者智，知己者明。毕业生在择业中出现心理偏差和心理障碍，不能全面、正确、客观地评价自己，使自己在择业时不能正确把握方向；没有看到各种主客观条件对人发展的制约作用，不是通过提高自身素质来求发展，而是"一厢情愿"，盲目求成。

2. 脱离社会现实

每个人都生活在特定的社会环境中，受一定的现实条件的限制。有些毕业生却无视这些现实，要求随心所欲地自由选择，追求高福利、高享受。在理想追求中期望值过高，往往受现实主客观因素的阻碍，在矛盾冲突中产生迷茫、悲伤、怨天尤人等心理障碍。

3. 缺乏艰苦创业的精神

不少毕业生缺乏长远发展的眼光，选择职业不是着眼于发挥自己所长、培养各方面能力，而是看重眼前的工作环境、工资收入、福利地位，不想通过自己的艰苦奋斗干出一番事业，只想坐享其成，一劳永逸。

三、大学生就业心理调适

心理调适是指个体为了达到某种目的，在思想或行动上进行自我调整，借以保持自身与环境之间和谐关系的过程。大学生应当掌握正确的心理调适方法，提高自我调适的自觉性，排除心理困惑，以积极的心态面对就业。

（一）提高主动适应的自觉性

1. 正确认识社会和自我，主动寻找机遇

毕业生就业要知己知彼。知彼就是要正确认识面临的就业形势，了解用人单位的需要。知己就是实事求是地评价自己，对自己有正确的认识，全面分析自己的专业和能力，合理定位自己。大学生在就业前要了解职业特点，找到适合自己的职业方向，了解自己的特长和兴趣，扬长避短，用发展的眼光来看待自己；积极参加招聘会，主动寻找机遇，在发现就业机会时要主动出击，及时把握，不能犹豫，也不要害怕失败，应有敢试敢闯的精神。

2. 建立合理的职业价值观

大学生的职业价值观，即大学生由毕业走向社会时选择职业的观点和态度，实质上是世界观、人生观的现实反映。毕业生在择业时不能只考虑工作的经济收入、工作条件、地点等因素，更要考虑职业对自我发展的影响与作用，应看重职业能否帮助自己实现自我价值，要建立适合自己发展需要的、合理的职业价值观，实现正确择业。

3. 适当调整就业期望值

就业期望值是指大学生对职业在多大程度上能满足个人愿望的评估，适中的期望值是大学生正确择业的一个关键条件。有一种说法是"求上得中、求中得下"，意思是说对事情的期望值不要太高，因为事情的结果往往和所预想的有一定差距，要有从最坏处着想、向最好处努力的思想准备。同时要适当调整就业期望值，选择恰当的定位点，突出重点，扬长避短，选择适合发挥自己才能和施展抱负的职业。

(二) 运用心理调节的方法进行自我调适

1. 自卑感及其心理调适

自卑是一种不能自助和软弱的复杂情感。有自卑感的人易轻视自己，认为自己无法赶上别人。心理学家阿德勒认为，自卑指以一个人认为自己或自己的环境不如别人的自卑观念为核心的潜意识欲望、情感所组成的一种复杂心理。同时，自卑是指一个人由于不能或不愿进行奋斗而形成的文饰作用。自卑是由婴幼儿时期的无能状态和对别人的依赖而引起的，所以对人有普遍意义。自卑是驱使人优越的力量，又是反复失败的结果。自卑情感，可通过调整认识，增强信心和给予支持而消除。

自卑心理是大学生在进行职业选择时必须消除的心理障碍，克服自卑心理首先要正确评价自己，这对有自卑感的人来说是至关重要的。要纠正过低的自我评价，多找自己的长处，利用自己的优势取长补短，寻求成功的经验，可以有效克服自卑感；其次，要经常对自己进行积极的心理暗示，比如说"别人能干好，我一定也能干好"等；再次，克服惧怕心理。不要害怕失败，因为失败并不表示你不如别人，失败更不表示你一事无成。充满自信心，是成功的前提。

2. 焦虑及其心理调适

毕业分配制度的改革，使大学生求职呈现出多元化的趋势，拓宽了大学生职业的选择面。职业选择自由度越大，职业选择行为的责任越重，就业心理压力便越大。刚走出校门，没有社会经验的大学生对选择职业这一人生大课题产生就业焦虑心理是正常现象。不少学生对人才竞争不了解，没体验，容易产生各种焦虑心理。一般来说，适度的焦虑可使学生产生压力，这种压力是对自身惰性的进攻，可增强人的进取心。但是，如果心理上过度焦躁、沮丧、不安，自己又不能在一定的时间内化解这些情绪，这些情绪就会成为心理障碍或心理疾病。这会严重影响学生本人主观能动性的发挥，埋没他的潜能和才华，给就业带来不必要的困难。

要克服焦虑的心理，主要是更新观念，打破中国传统的事事求稳、求顺的思想，树立市场竞争的新观念。大学生求职过程就是竞争过程，即使得到了比较理想的职业，如果没有竞争意识，不继续努力，也可能丢掉这个工作。有竞争必定会有风险和失败，确立竞争意识，不怕风险和挫折，焦虑的心理必定会得到缓解和克服。当然，还应克服就业心切、急于求成的思想。因为这样做容易使就业失败，失败的体验又会强化沮丧、忧虑的情感。客观地分析自己，合理地设计求职目标，尽量减少挫折，增强求职的勇气，也会减轻心理焦虑的程度。

3. 嫉妒心理及其调适

所谓嫉妒，就是在求职过程中对他人的成就、特长或优越的地位持既羡慕又敌视的情感。这种情感的内化就是嫉妒心。嫉妒心在大学生中是比较常见的一种心理，只不过有轻重区别而已。在就业中嫉妒心会使人把朋友当对头，使朋友关系恶化，嫉妒心还会使团体内（班级或宿舍内）人心涣散，人际关系冷漠，嫉妒者本人也会增加内心痛苦和烦恼，甚至影响求职。所以，嫉妒心于人于己都不利，新时代积极进取的大学生一定要注意克服它。

嫉妒心产生的原因是多方面的，如心胸狭窄、虚荣心太强等，实质上是自私的表现。嫉妒心是市场竞争中的一种不正当的以极端个人主义为核心的有害心理。它主要靠加强自我修养，提高道德水平来克服。其中最重要的是要做到两点：一是真诚待人。做人要诚实，这是立身之本，诚实的人可以主动改善人际关系，做好工作，使事业取得成功。二是学会爱人。爱人是我国的传统美德，"爱人者人恒爱之"。有了这种精神境界，就能够设身处地为别人着想，在别人有困难时给予帮助，有痛苦时给予安慰，就不会产生嫉妒心理。

4. 怕苦心理及其调适

在大学生求职过程中，普遍存在着攀高心理，理想职业的选择标准是三高，即起点高、薪水高、职位高。大学生要求所选择的工作要名声好一点，牌子响一点，效益好一点，工作轻一点，离家近一点，管理松一点，这是典型的贪图享受怕吃苦的表现。在怕吃苦心理的驱使下，选择职业的面就会很窄，形成千军万马过独木桥的局面。这种局面的直接后果是增加了大学生求职的失败率。怕苦的心理严重影响就业的成功率，因此大学生就业前就应克服怕苦的心理。

要克服怕苦心理，首先要从思想上认识到能吃苦是一个人最基本的能力，不能吃苦就不会有事业的成功，即使是"三高"职位也同样需要吃苦。曾有过一些大学生千方百计挤进外企后，又很快跳槽了，其原因是受不了外企紧张的节奏和工作的高效率。另外，也应认识到最艰苦的环境最容易锻炼人，也最易使人成功。想克服怕苦的心理，培养自己艰苦奋斗的作风，大学生要在日常的工作学习中有意识地做好吃苦耐劳的思想准备，这对求职成功会大有益处。

（三）寻找社会支持

1．向就业主管部门咨询

目前，我国高校毕业生的就业早已从传统的计划分配转变为毕业生与用人单位双向选择。主管部门与学校上下结合来制定就业方案，毕业生的就业必须在国家有关政策的指导下进行。有些毕业生由于对就业政策不够了解，往往逾越政策盲目地去寻找就业单位，最终导致无法落实就业单位。所以，毕业生在就业之前，一定要认真阅读有关文件，了解就业政策，对政策不清楚时，要向学校负责就业的部门和老师咨询，以便顺利找到工作。

2．争取亲戚朋友的帮助

将自己的基本情况和志愿告诉亲戚、朋友、同学、熟人，请他们留意有关信息，帮助推荐，形成一个信息网，有利于自己及早了解社会需求和用人单位的情况，避免因信息不畅和对自我认识不足导致心理困惑。

3．寻求就业心理咨询

为了提高就业面试的技巧，或者消除就业挫折带来的焦虑、烦恼、抑郁等不良情绪，可以寻求心理咨询机构的帮助。目前，不少高等学校都已建立了心理咨询机构，近年来社会上的心理辅导服务也纷纷兴起。心理辅导老师能帮助毕业生迅速有效地消除就业挫折带来的不良情绪，帮助毕业生更加客观正确地认识自我，进行心理训练，提高就业的技能技巧。

思考与练习

1．请你谈谈当代大学生在就业中会出现哪些心理误区；产生心理误区的主要原因是什么。

2．心理调节能力的自我诊断测试。

（1）设想你正好赶上一场严重的伤亡事故，一些人正围拢过来，下面哪个行为模式是最适合你采取的行为？

A．尽快地离开现场，对流血的尸体感到恶心。

B．在围观者中恐惧地看着这一场面。

C．尽管没有受过急救训练，但尽自己的能力去帮助事故中的受伤者。

D．因为受过急救训练，立刻自愿投入抢救行列之中。

E．立刻查问是否拨打急救站、消防队或警察局的电话号码。

（2）指出在下列情况发生时你的不安程度（特别严重、严重、稍微严重、一点也不严重）。

A．你的狗，忠实的伴侣，因年老而死亡。

B．3个星期前做的假日计划推迟了3个月。

C. 你的双亲之一突然去世。

D. 你听说疫情在非洲蔓延已造成数千人死亡。

E. 在你和家人准备乘飞机出去前一天听到一次空难事故，有几百人遇难。

F. 某个朋友弄丢了你借给他的你最喜欢的一本书。

G. 交通阻塞耽误了你重要的约会。

H. 你不小心打碎了一筐鸡蛋。

I. 你听说食油价钱马上上涨10%。

（3）你已经邀请了你的老板和他的夫人某天到你家做客，但在晚宴的前一天，你突然意识到你房间的装饰不适合举行这样的晚宴，你将采取下面哪项对策？

A. 打电话给这个老板，装病以拖延这个晚宴。

B. 整晚上装饰房间，使晚宴按计划进行。

C. 按时举行晚宴，并对房间的装饰抱歉。

D. 把不适合的地方遮盖起来，将灯光调暗，使不协调的装饰不引人注意。

E. 把晚宴改在附近的饭馆里。

（4）你和你的朋友开车发生了撞车事故，下面哪件是你要做的第一件事？

A. 下车去看另一辆车里的人怎么样了。

B. 解开你朋友的安全带。

C. 坐着镇静一会儿让大脑恢复清醒。

D. 关闭发动机。

E. 立刻环顾周围，害怕第三辆车也撞上。

（5）指出你在遇到下述情况时你的不安程度（特别严重、严重、稍微严重、一点也不严重）。

A. 半夜邻居孩子的哭声扰得你睡不着觉。

B. 你听说整个交通因某种原因要中断。

C. 你孩子的宠物——小猫被汽车压死了。

D. 你花呗账单来了，实际情况比你预想的要恶劣得多。

E. 你的假期照片全部作废，因为你不小心将照片删除了。

F. 你花了很多钱装饰房间，而事后你一点都不喜欢。

G. 你要观看一个你喜欢的节目，而此时手机连不上网了。

H. 你听说最近的太空实验失败了，3个宇航员遇难。

I. 通常在你的生日时，你会收到一大笔钱，而今年因经济原因，你得到的钱很少。

（6）你的刚搬来一年的邻居第一次举行家庭晚会，一直闹到接近天亮，下面哪条是你要采取的行动？

A. 给居委会打电话抱怨噪声。

B. 打电话给邻居，非常有礼貌地要求他们安静点。

C. 用被子盖住头，强迫自己入睡。

D. 打电话警告邻居如果他们继续这样，你就要叫警察了。

E. 起床，敲门要求加入舞会。

F. 自己计划一个晚会来进行报复。

（7）你花了很多钱买一台电脑，很快就坏了。下面哪条是你要采取的行动？

A. 写封措辞强硬的信给制造商。

B. 将电脑抱回商店，要求退钱。

C. 自己修理。

D. 抱怨不断，可不知采取什么行动。

E. 要求商家换一台同样价钱的电脑。

F. 写一封有礼貌的信给制造商，要求厂家换一台好的电脑。

（8）用"是"或"否"回答下列问题。

A. 你是否在争吵中失手伤害过别人？

B. 你是否因家庭的某种状况而担心过？

C. 如果某人想向你借钱，你是否愿意？

D. 如果另一方赢得了班委选举，你是否很恼火？

E. 如果在体育比赛中失利，你是否爱生气？

F. 你是否相信某些人很走运？

G. 你是否有时因问题成堆而心情不畅？

H. 你是否发现要改变你做事的方法是比较困难的？

I. 你是否很好地遵守时间？

评分标准：

1. A 1分；B 1分；C 2分；D 0分；E 0分。

2.

	特别严重	严重	稍微严重	一点也不严重
A.	2分	0分	0分	2分
B.	1分	1分	0分	0分
C.	0分	0分	1分	2分
D.	0分	0分	0分	0分
E.	2分	1分	0分	0分
F.	2分	1分	0分	0分
G.	2分	0分	0分	1分
H.	2分	1分	0分	0分
I.	2分	1分	0分	0分

3. A 2分；B 2分；C 0分；D 0分；E 1分。

4. A 2分；B 2分；C 2分；D 0分；E 2分。

5. 特别严重　　严重　　　稍微　　　　一点也不

A. 2分　　　　1分　　　0分　　　　0分

B. 0分　　　　0分　　　0分　　　　0分

C. 2分　　　　0分　　　0分　　　　1分

D. 2分　　　　1分　　　0分　　　　1分

E. 2分　　　　1分　　　0分　　　　0分

F. 1分　　　　0分　　　0分　　　　1分

G. 2分　　　　1分　　　0分　　　　0分

H. 0分　　　　0分　　　0分　　　　0分

I. 2分　　　　1分　　　0分　　　　0分

6. A 2分；B 0分；C 2分；D 2分；E 0分；F 2分。

7. A 2分；B 0分；C 1分；D 2分；E 2分；F 0分。

8. 是　　　　　否

A. 2分　　　　0分

B. 2分　　　　0分

C. 0分　　　　1分

D. 0分　　　　0分

E. 1分　　　　0分

F. 2分　　　　0分

G. 1分　　　　0分

H. 1分　　　　0分

I. 0分　　　　1分

结果分析：

0～10分：充满自信，适应力强，能够很好地处理生活中的问题。

11～15分：生活中有时会遇到令你不知所措的事情，不过一般情况下还是可以较好地处理。

16～25分：缺少应有的自信，面临生活中的危机会采取退缩行为，心理调节能力偏低。

26～35分：易于焦虑不安，情绪极不稳定。应采取一定的措施自我调整或求助于心理医生。

第二节 大学生就业心理素质

> **案例导入**
>
> 小佳去年毕业于某高职院校计算机专业。她是个腼腆的女孩，每次去应聘，都是输在面试上。见了面试官，她如履薄冰，本来平时都能回答的问题，这时脑子里却一片空白，甚至还会出现答非所问的现象。回来后她又懊恼不已，自惭形秽，这严重影响她下次面试的心态。于是她产生了自卑心理，就这样一次次失去工作机会，慢慢地，她对自己失去了信心。
>
> 启示：
>
> 心理素质是一个人综合素质的基础，心理的健康发展是最基本的人生课题。一些大学生在毕业求职及未来的工作中，常因心理素质不佳与好机会失之交臂，或因心理素质不过关，不能很好地适应工作环境而选择离开。大学生在校期间培养自己良好的心理素质，将有利于择业及更好地适应未来的工作。

一、心理素质的内涵及特征

（一）心理素质的内涵

心理素质是指人在认知、情绪、情感、意志、性格、自我意识、价值观及社会交往与适应能力等方面的素养。它是在环境的熏陶下，个体经过长期的修养，逐步内化出的一种心理结果。大学生心理素质是在生理素质的基础上，通过后天环境和教育的作用形成并发展起来的稳定的心理品质，是与大学生的学习、学术研究和生活实践密切联系的心理品质的综合表现。

（二）心理素质的基本特点

1. 相对稳定性与可发展性

心理素质是指个体的知、情、意和个性的特征，是稳定的心理品质。心理素质的稳定性，一方面，表现在以先天禀赋为基础的稳定性，它不受其他外在因素的影响，即不随环境及个体品质的变化而改变；另一方面，表现在稳定的心理素质水平，在各种因素的长期影响下，个体经过发展后逐步形成的一种成熟的稳定的心理素质水平。同时心理素质始终处于发展之中，具有自我延伸的功能。

2. 综合性

心理素质不应从简单的心理过程或心理特性的角度来加以研究，不能将心理素质简单地看成感觉、知觉、记忆、思维、情感、意志及其特性，它是人的个性心理品质在学习、工作和生活实践中的综合表现。

3．可评价性

心理素质具有优劣高低之分，不同的心理素质对人产生的影响及活动成效大相径庭，因而心理素质具有社会评价意义。通过客观的测量与评价，可以培训和发展优良的心理素质。

4．基础性

心理素质存在于每个人身上，并非"有"或"无"的差异。

它不是大学生在特定领域中获得的某一专门知识和技能，而是那些对大学生学习、生活、社会适应性和创造性等活动效果产生重要影响的心理品质的综合。

二、大学生就业心理素质的内涵

大学生就业素质是指在就业过程中表现出来的心理意识品质和知识技能品质的总和，是大学生个体合理择业、顺利就业和成功创业的基础。

大学生就业心理素质是指大学生在求职择业过程中在认知、情绪、情感、意志、性格、自我意识、价值观及社会交往与适应能力等方面的综合素养。它是在就业环境的熏陶下，个体经过不断地修养、逐步内化出的一种心理结果。

三、心理素质对大学生就业的影响

（一）对确定就业目标的影响

大学生在求职就业中遇到的首要问题就是确定自己所要寻求的职业及所要达到的就业意愿。而心理素质对确定就业目标起着重要作用，它决定求职者能否客观、正确地分析自我、认识自我；能否客观、正确地分析用人单位的需要和社会需要；能否找准就业方向，找到自己合适的位置。

（二）对就业目标实现过程的影响

就业是选择与被选择的过程，是大学生施展才华、打开职业大门的过程，也是用人单位评判、筛选学生的过程。大学生在就业过程中，会遇到自荐、面试、笔试、竞争等一系列的考验，也会遇到专业与爱好、专业与地域等一系列的矛盾。能否顺利地接受这些考验，较好地处理这些矛盾，心理素质起着重要作用。良好的心理素质，可使人在面对考验和矛盾时，做到镇定自若、乐观向上、不怕挫折、勇于创新、缜密考虑、果断决策。

（三）对实现就业目标的影响

就业目标的实现，既是对大学生专业知识和综合能力的考验，也是对大学生情感、意志、性格、品质的检验。良好的心理素质对就业目标的实现起着促进和保障作用，可使毕业生充分发挥自己的聪明才智，挖掘自己的潜力，综合自己的优势，运用良好的求职就业心理，利用最佳求职策略，扬长避短，从而找到最能施展才华、最能获得用武之地、最能实现人生抱负的舞台，达到就业目标的实现。

（四）对毕业生职业适应的影响

毕业生就业后走上工作岗位，职业环境发生了很大的变化，角色的变化、环境的变化、人际关系的变化，将给大学生带来各种新的考验。如果心理素质好，就能适时调整心态，把握自我，开放自我，与新的环境保持平衡，尽快适应职业角色，使适应期大大缩短。相反，如果没有良好的心理素质，将会延长适应期，以致长期难以适应职业角色。

四、大学生应具备的就业心理素质

（一）有较强的心理承受能力

心理承受能力是个体对逆境引起的心理压力和负面情绪的承受与调节的能力，主要是对逆境的适应力、容忍力、耐力、战胜力的强弱。一定的心理承受能力是个体良好的心理素质的重要组成部分。当前激烈的市场竞争和严峻的就业形势是对学生心理素质的一场考验，一个人要想实现理想与现实的统一，最重要的就是保持信心，有较强的心理承受能力，坦然面对用人单位的"考验"。

（二）有自信心，但不盲目自信

自信心对于大学毕业生就业来说是十分重要的。只有坚信自己有实力胜任某项工作，才能展现出坚定的态度和从容不迫的风度，才能赢得用人单位的赏识和信任。在充分了解用人单位的要求后，只要自己符合条件，就要充满信心，相信自己能够胜任工作，并大胆地接受挑战。同时要避免在无意之间把自信心变成盲目自信。盲目自信是一种幼稚的心理反映，也是心智不成熟的表现，它会给大学毕业生就业带来挫折与烦恼。例如，有的大学毕业生因为自己具备学习成绩优秀、政治条件好等优势，在应聘时经常流露出"得意、傲慢、浮躁"等情绪，让用人单位反感，使自己在就业过程中受挫。

（三）能够进行自我心理调节和情绪控制

自我心理调节和情绪控制是良好心理素质的具体表现。心理调节的主要目的和作用是使自己具有良好的心态和正常的情绪。很多用人单位都希望大学毕业生具有"较强的应变能力、沟通协调能力、高度的责任心和良好的团队精神"。大学毕业生要满足企业的这些要求，在企业团队中体现出亲和力，在工作中表现出合作精神、应变能力以及具备良好的人际沟通能力，首先要做到自我心理调节和情绪控制。

（四）有良好的思维能力，善于进行换位思考

良好的思维能力是良好心理素质的具体表现。很多大学生对于辩证思维、发散思维、逆

向思维以及换位思考等不甚了解,但在就业问题上,大学毕业生能够对社会现象进行辩证思维和换位思考,这一点是十分重要的。大学毕业生应该能够换位思考用人单位对自己的严格要求,在应聘时多向自己问几个问题:我的价值在哪里?我能否为用人单位实现使用价值和成为单位的人才资本?大学毕业生只有不断提高自身的从业境界,努力把自己塑造成现代优质人才,才能在就业过程中保持主动性。

五、培养良好的就业心理素质

(一) 培养积极主动的就业意向

大学生要使自己跟上经济社会的发展形势,使自己有广泛适应职业的能力,就要培养积极主动的就业意向,经常了解专业的发展趋势、信息、前景、培养目标及使用方向,不断汲取新的专业知识,不断修正就业意向。

(二) 提高心理健康水平

心理健康是良好心理素质的重要概念,它是指人在知、情、意、行方面的健康状态,主要包括发育正常的智力、稳定而快乐的情绪、高尚的情感、和谐的人际关系、良好的人格品质、坚强的意志和成熟的心理行为等。良好的就业心理状态主要体现在能理智地看待就业问题,能冷静地分析就业形势,能客观地评价自己和正确地选择职业,能泰然面对就业竞争,能乐观地摆脱就业挫折。大学毕业生作为压力的被动承受者,应掌握科学的心理调适方法,自我缓解异常心理现象,控制不良就业心理,消除就业心理障碍,保持健康的心理状态。

(三) 敢于竞争,开拓进取

人们把当今的世界称为竞争的世界,竞争冲击着人们的事业和生活,冲击着人们的意识和思想,在求职就业上亦是如此。当今的时代,竞争机制已经渗入社会的各个领域和人生的整个过程。迎接新的挑战,强化竞争意识是大学生在就业前最基本的心理准备。坚韧不拔的进取心是大学生就业和事业成功的重要保证。面对日益激烈的竞争,大学生只有具备不畏艰险、积极进取的精神,才能适应这个竞争激烈、日新月异的社会,实际上每个学生都有积极进取的潜质,只要正确引导和激励就会产生巨大的力量。

(四) 不怕挫折,总结经验

在严峻的就业形势下,高校学生就业遭遇失败和挫折在所难免。面对这些失败和挫折,很多大学生自怨自艾,在消极的心理状态下完全忘记了当初制订的职业规划,一蹶不振。大学毕业生要提高应对各种突发事件的心理承受能力,用积极的态度、适宜的方法对待挫折,总结经验,主动调整求职策略,以期成功就业。

> **思考与练习**

1. 当代大学生在求职就业过程中应具备哪些心理素质？
2. 试结合自身情况，思考如何培养良好的就业心理素质。

第三节　大学生职场情商培养

案例导入

小芳，某高校广告设计专业毕业，被一家广告公司看中，直接录用到策划部。刚进公司，为了表现自己的能力，她经常加班，揣摩客户的意图，仔细观察产品的特性。在不到两个月的时间内就帮助公司搞定了几个大单子，其新颖的创意、对主题的把握与体现，赢得了客户与公司老总的一致赞许。照此发展，前途本该一片大好的小芳却越来越觉得自己受到同事的抵制，看到同事的策划她提出自己的想法，想帮助同事却遭到同事的白眼，让她觉得更郁闷的是她的直属上司，也就是当初进公司时带她的老师也不愿意搭理她了。小芳一肚子委屈，但并不觉得自己做错了什么。

那问题出在哪儿呢？起因就是在公司的表彰大会上，小芳将功劳都归于自己，而对整个团队只字未提。在她看来，虽然是团队讨论给她的灵感，但创意是她想出来的，也是她后来不断跟进客户，理解客户需求，在许多改进之下才成功的，其他人并没有真正贡献什么。这种直接将团队的功劳抹杀的行为直接导致了她尴尬的处境。

启示：

作为将要加入职场中的毕业生，除了需要在自身专业上下功夫，人际关系的处理能力以及情绪的把握与控制，也就是我们所说的情商，将会直接左右你的发展。"智商决定是否录用，情商决定是否升迁"，已成为决定职业发展的重要信条。情商不是与生俱来的，而是需要后天培养和训练的，大学生职场情商的培养，将对大学生今后的就业产生积极影响。

一、情商的概念

情商（Emotional Quotient，简写成 EQ），通常是指情绪商数，它是近年来心理学家们提出的与智商相对应的概念，就是管理自己的情绪和处理人际关系的能力。两位美国心理学家约翰·梅耶（新罕布什尔大学）和彼得·萨洛维（耶鲁大学）于 1990 年首先提出，但并没有引起全球范围内的关注，直至 1995 年，时任《纽约时报》的科学记者丹尼尔·戈尔曼出版了《情商：为什么情商比智商更重要》一书，才引起全球性的 EQ 研究与讨论，因此，丹尼尔·戈尔曼被誉为"情商之父"。

戈尔曼和其他研究者认为情感智商包含五个主要方面：自我意识、控制情绪、自我激励、认知他人情绪和处理相互关系。

1．自我意识，能够察觉某种情绪的出现，观察和审视自己的内心体验，监视情绪时时刻刻的变化，它是情感智商的核心；

2．控制情绪，调控自己的情绪，使之适时适度地表现出来；

3．自我激励，能够依据活动的某种目标，调动、指挥情绪的能力；

4．认知他人情绪，能够通过细微的社会信号、敏感地感受到他人的需求与欲望；

5．处理相互关系，调控与他人的情绪反应的技巧。

情商既表现了一个人的涵养，也体现了一个人的能力和修养。它涵盖了一个人对己、对人、对事的刚毅力、自制力、善解人意和与他人友好相处的能力。因此，情商是人格、品德、思想、情操之集合，它是影响一个人未来发展的关键要素，决定着人生事业的发展和成就。

二、情商的特征

（一）认知性

自知，即了解自己的情绪和情感、长处与不足的能力，是情感智商的基石；知人，则是根据人们的情绪、情感的反应，从细微的表情中观察他人的需求、了解他人感受的能力，是建立在自我情绪、情感体验基础之上的。

（二）调适性

情商的实质就是一种平衡情感和人际心态的能力，主要包括准确评价情绪的能力、有效调节情绪的能力、自我激励的能力、人际关系的管理能力等。研究人们情感和情绪以及人际心态平衡的心理活动过程的调控机制是情商理论的重要内容。

（三）价值性

情商就是衡量情感价值的质量标准，是情感价值水平的直接反映和表现。高情商意味着情感具有较高的正面价值；低情商意味着情感价值低，甚至是一种负面的情感。

（四）可塑性

人的情商不是与生俱来的，主要靠后天的自我引导与激励、情感教育与心理训练，最大限度地激发人的情绪潜力，提高情商水平。

（五）广泛性

情商理论来源很广泛，它是建立在健康心理学、人格心理学、人本主义、教育学、认知科学、社会生态学等多门学科研究基础之上的一种全新的理论。它的应用范围很普遍，研究对象涉及多个年龄阶段的人群和多种职业领域，如学习、教育、家庭教养、企业管理、人力资源开发、人才聘用等方面的情感智商问题。

从情商的调控对象和作用关系来看，情商广泛作用于人与自然、社会与自然、社会与个人以及社会成员之间的协调与自控。

三、情商的重要性

（一）情商对于求职生存能力的重要性

有的大学生在求职过程中屡屡遭拒，其实并非他的专业知识技能不合格，可能是他在面试过程中表现得不够出色。面试过程中应落落大方，谈吐自然，既不高谈阔论，又体现专业素养，这无疑为面试的成功增色不少。因此面试过程中良好的沟通能力和表达能力尤为重要。在职场中，情商高的人总是受到欢迎，得到重用，情商能帮助你处理好与同事及上司之间的关系，成为办公室里受欢迎的人。

（二）情商对于适应能力的重要性

研究发现，不少求职者在进入一家新企业的前三个月的离职率较高，对于新环境的不适应，新的人际关系处理的不得当，感觉无法实现自我价值等原因占据着主导因素。然而一个情商较高的大学生是能够妥善处理新的人际关系，适应新的工作氛围，从而迅速融入新的工作环境，满足群体对自己的角色期待，更快地实现个人的工作价值。因此在就业过程中，较高的情商对于就业者非常重要，甚至决定了其在公司能否继续工作下去。

（三）情商对于工作能力的重要性

据有关研究表明，以下八类大学毕业生更容易得到用人单位的青睐：在最短时间内认同企业文化；对企业忠诚、有团队归属感；不苛求名校出身、只要综合素质好；有敬业精神和职业素质；有专业技术能力；沟通能力强、有亲和力；有团队精神和协作能力；能带着激情去工作。所以真正决定一个大学生工作能力的不是智力因素，而是情商因素。高情商可以更好地提高个人工作能力。

四、职场中应具备的情商

（一）自觉情绪能力

1. 自省。察觉自己的情绪对言行的影响。
2. 自知。了解自己的资源、能力与局限，能正确自我评估。
3. 自信。深信自己的价值和能力，肯定自己。

（二）自我规范能力

自我规范即控制自己情绪的能力，使之适时适度地表现出来。

自我控制，是指个体自主调节行为，并使其与个人价值和社会期望相匹配的能力，它可以引发或制止特定的行为，如抑制冲动行为、抵制诱惑、延迟满足、制订和完成行为计划、采取适应社会情境的行为方式。

（三）自我激励情绪能力

自我激励能力是指引导或推动自己去达到预定目的的情绪倾向的能力，也就是一种自我指导能力。它是要求一个人为服从自己的某种目标而产生、调动与指挥自己情绪的能力。一个人做任何事情要成功的话，就要集中注意力，就要学会自我激励、自我把握，尽力发挥出自己的创造潜力，这就需要具备对情绪的自我调节与控制能力，能够对自己的需要延迟满足，能够控制自己的某种情绪冲动。

（四）以同理心为基础的情绪能力

同理心是站在当事人的角度和位置上，客观地理解当事人的内心感受，且把这种理解传达给当事人的一种沟通交流方式。同理心就是将心比心，同样的时间、地点、事件，而当事人换成自己，也就是设身处地去感受、体谅他人。

五、提高情商的途径

情商是一种能力，也是一种技巧。除去孩童时期从父母那里继承的因素以外，通过后天的努力训练是可以提高自己的情商的。通过分解"情商"的具体内涵可以得到提高情商的方法。

（一）自我情绪管理

高情商者的必备技能便是自我情绪管理，这是当代大学生所缺乏的。由于大学生面临巨大的就业压力、学习压力，学生每天生活在急促紧张的环境中，随着时间的推移，很容易形成不良的情绪，如自卑、焦虑、紧张和烦躁。所以，自我情绪的管理便成为促进大学生健康发展的关键。

第一，体察自己的情绪。人都会有情绪的，压抑情绪反而会带来更不好的结果，学着体察自己的情绪，是情绪管理的第一步。

第二，适当表达自己的情绪。如何适当表达情绪，是一门艺术，需要用心去体会、揣摩，更重要的是，要应用在生活中。

第三，以合宜的方式疏解情绪。疏解情绪的方法很多，有些人会痛哭一场，有些人会找三五好友诉苦一番等，无论哪种方式，选择适合自己且能有效纾解情绪的方式，进行情绪管理。

（二）同理心——感知他人情绪能力的培养

同理心，就是你能不能从别人的感情出发、站在别人的角度看待问题，也就是我们常说的"换位思考"。同理心之所以被称为"元能力"，是因为很多能力，都是源自于"同理心"。

同理心是情商的重要组成部分。在人际交往过程中，你能理解别人的情绪和思想，了解体会其他人的感受，从别人的角度看问题，就是具有同理心。具体表述为：学会倾听；从对方的价值观了解他；换位思考，从对方的角度去考虑问题。

最浅显的同理心就是站在别人的角度去理解，了解对方的信息，了解对方到底想说的是什么。深层的同理心不仅要理解别人所说的话，还要察觉出对方的话里隐含的成分，这才算是真正听懂了对方的"意思"。

（三）改善人际关系

大学生的人际关系表现在学习、生活和工作中的同学、朋友之间，并且对他们的日常学习、生活、身心健康和全面发展产生重要影响。要学会主动沟通，将沟通建立在双方相互了解和理解的基础之上。通过信息和思想上的交流达到熟悉的目的，再积极地向别人推销自己的主张，最终实现良好的沟通效果，取得行动的一致。随着人际关系的逐步改善，情商亦会随之提高。

知识拓展

做到这9点，就是真正的高情商

1. 不抱怨

抱怨除了让你心情沮丧，对解决问题毫无帮助，只有行动起来才能改变现状。

2. 保持好心情

学会暂时放下烦恼，将关注点转移，主动寻求能够让自己开心的事情，保持对生活的激情。

3. 善于包容

世上没有忍不得、让不得、避不得、耐不得的人和事。尊重差异，不随意指责和干涉他人，学会求同存异。

4. 多赞美别人

善于发现他人身上的优点，并且明确告诉对方你对他的欣赏，发自内心的称赞更容易拉近彼此的距离。

5. 注意说话的尺度

即使双方关系再好，也不要直白地说对方的短处，尤其是有其他人在场的情况下。

6. 聆听是个好习惯

大多数倾诉者只是需要共情，而非你的总结与说教。聆听也是一种有效沟通，适时提出自己的建议即可。

7. 有责任心

遇到问题，临危而不乱，不推卸，有担当，直面去解决。你可以不轻易承诺，但是说到就一定要做到。

8. 不去过分比较

多少人的成长是伴着那句"你看看别人，再看看你……"。无聊的攀比，笨拙的效仿，只会让自己活在他人的影子里。

9. 愿意道歉

承认自己的错误，能在适当的时机道歉，既体现你谦逊诚实的品质，他人也会自然而然折服于你的人品。

来源：人民日报

思考与练习

1. 请结合自身情况，思考如何提高自己的情商。
2. 情商测试：

国际标准情商测试题

这是欧洲流行的测试题，可口可乐公司、麦当劳公司、诺基亚公司等世界 500 强企业，曾以此作为员工 EQ 测试的模板，以帮助员工了解自己的 EQ 状况。共 33 题，测试时间 25 分钟，最大 EQ 为 174 分，如果你已经准备就绪，请开始计时。

第（1）～（9）题，请从下面的问题中，选择一个和自己最切合的答案。

（1）我有能力克服各种困难（   ）

  A．是的　　　　　　B．不一定　　　　　　C．不是的

（2）如果我能到一个新的环境，我要把生活安排得（   ）

  A．和从前相仿　　　B．不一定　　　　　　C．和从前不一样

（3）一生中，我觉得自己能达到所预想的目标（   ）

  A．是的　　　　　　B．不一定　　　　　　C．不是的

（4）不知道为什么，有些人总是回避或冷淡我（   ）

  A．不是的　　　　　B．不一定　　　　　　C．是的

（5）在大街上，我常常避开我不愿打招呼的人（   ）

  A．从未如此　　　　B．偶然如此　　　　　C．有时如此

（6）当我集中精力工作时，假使有人在旁边高谈阔论（   ）

  A．我仍能用心工作　B．介于A、C之间　　C．我不能专心且感到愤怒

（7）我不论到什么地方，都能清晰地辨别方向（   ）

  A．是的　　　　　　B．不一定　　　　　　C．不是的

（8）我热爱所学的专业和所从事的工作（   ）

  A．是的　　　　　　B．不一定　　　　　　C．不是的

（9）气候的变化不会影响我的情绪（   ）

  A．是的　　　　　　B．介于A、C之间　　C．不是的

第（10）～（16）题：请如实选答下列问题，将答案填入右边括号里。

（10）我从不因流言蜚语而气愤（　　）

　　A．是的　　　　　　B．介于A、C之间　　C．不是的

（11）我善于控制自己的面部表情（　　）

　　A．是的　　　　　　B．不太确定　　　　C．不是的

（12）在就寝时，我常常（　　）

　　A．极易入睡　　　　B．介于A、C之间　　C．不易入睡

（13）有人侵扰我时，我（　　）

　　A．不露声色　　　　B．介于A、C之间　　C．大声抗议，以泄己愤

（14）在和人争辩或工作出现失误后，我常常感到震颤，精疲力竭，不能继续安心工作（　　）

　　A．不是的　　　　　B．介于A、C之间　　C．是的

（15）我常常被一些无谓的小事困扰（　　）

　　A．不是的　　　　　B．介于A、C之间　　C．是的

（16）我宁愿住在僻静的郊区，也不愿住在嘈杂的市区（　　）

　　A．不是的　　　　　B．不太确定　　　　C．是的

第（17）～（25）题：在下面问题中，每一题请选择一个和自己最切合的答案。

（17）我被朋友、同事起过绰号、讥讽过（　　）

　　A．从来没有　　　　B．偶尔有过　　　　C．这是常有的事

（18）有一种食物使我吃后呕吐（　　）

　　A．没有　　　　　　B．记不清　　　　　C．有

（19）除去看见的世界外，我的心中没有另外的世界（　　）

　　A．没有　　　　　　B．记不清　　　　　C．有

（20）我会想到若干年后有什么使自己极为不安的事（　　）

　　A．从来没有想过　　B．偶尔想到过　　　C．经常想到

（21）我常常觉得自己的家人对自己不好，但是我又确切地认为他们的确对我好（　　）

　　A．否　　　　　　　B．说不清楚　　　　C．是

（22）我每天一回家就马上把门关上（　　）

　　A．否　　　　　　　B．不清楚　　　　　C．是

（23）我坐在小房间里把门关上，但我仍觉得心里不安（　　）

　　A．否　　　　　　　B．偶尔是　　　　　C．是

（24）当一件事需要我做决定时，我常觉得很难（　　）

　　A．否　　　　　　　B．偶尔是　　　　　C．是

（25）我常常用抛硬币、翻纸、抽签之类的游戏来猜测凶吉（　　）

　　A．否　　　　　　　B．偶尔是　　　　　C．是

第（26）～（29）题：下面各题，请按实际情况如实回答，仅需回答"是"或"否"即可，在你选择的答案上打"√"。

（26）为了工作我早出晚归，早晨起床我常常感到疲劳不堪。（是．否）

（27）在某种心境下我会因为困惑陷入空想将工作搁置下来。（是．否）

（28）我的神经脆弱稍有刺激就会使我战栗。（是．否）

（29）睡梦中我常常被噩梦惊醒。（是．否）

第（30）～（33）题：本组测试共4题，每题有5种答案，请选择与自己最切合的答案，在你选择的答案上打"√"。

答案标准如下：

（30）工作中我愿意挑战艰巨的任务。

①从不　②几乎不　③一半时间　④大多数时间　⑤总是

（31）我常发现别人好的意愿。

①从不　②几乎不　③一半时间　④大多数时间　⑤总是

（32）能听取不同的意见，包括对自己的批评。

①从不　②几乎不　③一半时间　④大多数时间　⑤总是

（33）我时常勉励自己，对未来充满希望。

①从不　②几乎不　③一半时间　④大多数时间　⑤总是

参考答案及计分评估：

计分时请按照计分标准，先算出各部分得分，最后将几部分得分相加，得到的那一分值即为你的最终得分。

第（1）～（9）题，每回答一个A得6分，回答一个B得3分，回答一个C得0分。计___分。

第（10）～（16）题，每回答一个A得5分，回答一个B得2分，回答一个C得0分。计___分。

第（17）～（25）题，每回答一个A得5分，回答一个B得2分，回答一个C得0分。计___分。

第（26）～（29）题，每回答一个"是"得0分，回答一个"否"得5分。计___分。

第（30）～（33）题，从左至右分数分别为1分、2分、3分、4分、5分。计___分。

总计为___分。

测试后如果你的得分在90分以下，说明你的EQ较低，你常常不能控制自己，极易被自己的情绪所影响。很多时候，你轻易被激怒、动火、发脾气，这是非常危险的信号——你的事业可能会毁于你的暴躁。对于此，最好的解决办法是能够给不好的东西一个好的解释，保持头脑冷静使自己心情开朗，正如富兰克林所说："任何人生气都是有理的，但很少有令人信服的理由。"

如果你的得分在 90~129 分，说明你的 EQ 一般，对于一件事，你不同时候的表现可能不一，这与你的意识有关，你相比前者更能够控制情绪，但这种意识不是常常都有，因此需要你多加注意、时时提醒。

如果你的得分在 130~149 分，说明你的 EQ 较高，你是一个快乐的人，不易恐惊担忧，对于工作你热情投入、敢于负责，你为人更是正义正直、同情关怀，这是你的长处，应该努力保持。

如果你的 EQ 在 150 分以上，那你就是个 EQ 高手，你的情绪稳定，它是你事业有成的一个重要前提条件。

第四章 大学生就业途径与求职方式

思政目标

- 熟悉大学生就业的主要途径。
- 掌握大学生求职的不同方式。
- 了解大学生就业的一般流程与常识。

学习目标

- 通过本章的学习，对就业途径和方式等基本知识有初步的了解；熟悉和掌握不同求职应聘方法的特点与基本要求，对于常见的求职陷阱加以识别与规避。

随着多年的连续扩招，高等教育已呈现出大众化教育的特点，大学生就业机制逐渐趋于市场化，如果高校毕业生仍停留在以前的就业模式，那么将无法适应就业市场的选择和需求。毕业生要树立"就业大众化"的择业理念与定位，努力通过多途径、多方式实现就业，并熟悉和掌握就业的基本常识。

第一节 大学生就业途径

案例导入

曾晓云是某学院工商与企业管理专业的本科生，即将毕业的她早早地将自己毕业后的生活全部计划好了。曾晓云在考研、自主创业和求职就业这三个选项中，最终选择了求职就业。为此，她在临近毕业的半年时间内，便开始有意识地了解大学生相关就业政策，并通过学校毕业生就业指导中心、各类招聘会、网络招聘等途径关注就业信息。

幸运的是，曾晓云通过学校毕业生就业指导中心得到了一个自己心仪已久的招聘信息。这是一家合资的贸易公司，计划招聘一名行政秘书，曾晓云挺喜欢这个职位，并很快向该公司发出了自己的求职简历。三天后，曾晓云就收到了该公司的面试通知。

收到通知的曾晓云立即上网认真地了解该公司的相关信息，并在面试前早早准备好了相关的自荐材料，如成绩单、荣誉证书等。面试的当天早上，曾晓云做了充分的准备，并提前20分钟到达指定的面试现场。一进公司，曾晓云却突然不由自主地紧张起来，当她还没回过神时，一位很有礼貌的招聘工作人员对她笑着说："您是来应聘的吧，这边请。"曾晓云跟随工作人员来到了一间等候室，不一会儿，就被告知轮到她面试了。

曾晓云整理了一下衣服，平复了一下心情，之前的紧张情绪也完全消失了。第一轮是简短的英文面试，由于曾晓云曾经在校经历过类似的口语测试，因此她对自己还是很有信心的。果然不出所料，在回答完面试官最后一个问题后，面试官请曾晓云到另一间会议室等候接下来的笔试。

成功通过口语面试后，曾晓云信心倍增。等待开考的30分钟很快就过去了，第二轮的笔试正式开始。曾晓云接过试卷，并没有感到紧张或害怕，反而更加沉着冷静。她按照自己的答题节奏有条不紊地作答，很快曾晓云就提前完成了测试。此时，她看了看旁边的考生，其他人还在奋笔疾书。一周后，该公司给曾晓云发来了录用通知，还要求她尽快与公司签订协议并接受上岗培训。曾晓云也开始办理离校手续，并持毕业生报到证到该公司上班去了。

启发：

曾晓云的就业经历对即将毕业的大学生来说是值得借鉴的，大学生应未雨绸缪，做好各项就业准备，了解相关的就业政策和用人单位的招聘程序，收集、处理就业信息，做好就业前的准备；同时，遵循一定的就业流程，最终通过多种途径来促成就业。

一、就业途径的含义

就业途径，即谋求一个适合自己的职业岗位的路径，找到一个适合自己的职业岗位，是毕业生走向社会的第一步，也是开始职业生涯的重要环节。

二、就业途径的种类

高校毕业生就业创业关系着千万家庭的幸福，国家出台了一系列促进高校毕业生就业的政策措施。根据江西省高校毕业生就业创业政策来提供就业途径。我们将就业途径大体分为以下几类。

（一）自主择业，双向选择

供需见面会（或双选会）是大学生择业的重要方式。每年3—4月、10—11月，各高等院校陆续开始举办用人单位和大学生的供需见面会，毕业生和用人单位经过双向选择相互确定后,签订《就业协议书》;或者大学生直接进入用人单位实习,待毕业后,正式签订劳动合同,成为该用人单位的正式员工。

(二)参加国家公务员考试,被录用就业

国家每年都会招考公务员,因此报考公务员也成为部分大学生就业的渠道之一。

国家行政机关录用公务员,采取公开考试、严格考察、平等竞争、择优录取的方式。公务员录用考试包括笔试和面试两个环节。一般公务员考试的内容包括公共科目和专业科目,其中公共科目包含《行政职业能力测验》和《申论》,专业科目依据不同的职位类别分别设置。

(三)自主创业

自主创业指大学生毕业后不是"寻求"工作,而是选择独自或与他人合作创办公司。自主创业已成为目前大学毕业生一种新的就业途径。它将大学生从雇员身份提到雇主的位置,同时也对大学毕业生的知识、能力和综合素质等方面提出了更高的要求。

相对来说,要实现自主创业,大学生首先应自我认知并培养科学规划、团队管理、谈判、处理突发事件、社会交往等多种能力。为支持大学生自主创业,国家各级政府出台了很多优惠政策,涉及融资、开业、税收、创业培训、创业指导等诸多方面。根据国家有关规定,应届大学毕业生创业可享受免费风险评估、免费政策培训、小额担保贷款及部分税收减免等优惠政策。

(四)升学深造

升学深造主要包括参加研究生考试、普通高校专升本考试、成人高考、高等教育自学考试等。大学生通过深造,一方面可以提高自身学历水平,另一方面也能缓解社会就业压力。但是,无论是就业还是升学,都要理性选择,不可盲目跟风。每个大学生的学习、身体、经济等方面的条件不一样,关键是要结合自己的情况以及未来职业规划,做出适合自己的选择。同时,必须摆正位置,调整心态,只有这样才有利于自身的发展。

(五)国家就业项目

1. 大学生志愿者服务西部计划

从 2003 年开始,根据国务院常务会议精神,团中央与教育部、财政部、人力资源和社会保障部联合实施大学生系部计划。按照公开招募、自愿报名、组织选拔、集中派遣的方式,每年招募一定数量的普通高等学校应届毕业生,到西部地区从事 1—3 年的教育、卫生、农技、扶贫及青年中心建设和管理等方面的志愿服务工作。

志愿者服务期满后,鼓励其扎根基层,或者自主择业和流动就业。志愿者完成工作后有很多政策的优惠。

2. "三支一扶"计划

2006年组织部、人事部（现人力资源和社会保障部）、教育部、财政部、农业农村部、卫生部（现为国家卫生健康委）、国务院扶贫办、共青团中央，决定联合组织"三支一扶"计划，即"支教、支农、支医和扶贫工作"计划。该政策引导和鼓励高校毕业生到西部去、到基层去、到祖国最需要的地方去，经受锻炼，健康成长，为促进农村基层教育、农业、卫生、扶贫等社会事业的发展、建设社会主义新农村和构建社会主义和谐社会做出贡献。每年选派部分高校毕业生到基层从事支教等服务，服务期一般为两年。近年来，报名参加"三支一扶"计划的高校毕业生人数呈逐年上升趋势，部分岗位竞争激烈。

"三支一扶"计划自2006年实施以来，截至2021年已累计选派43.1万名高校毕业生到基层服务。从2021年至2025年实施第四轮高校毕业生"三支一扶"计划，每年将选派3.2万名左右高校毕业生到基层服务。

3. 选聘毕业生到村任职

选聘高校毕业生到村任职工作，对象为30岁以下应届和往届毕业的全日制普通高校专科以上学历的毕业生，重点是应届毕业和毕业1—2年的本科生、研究生，原则上为中共党员，非中共党员的优秀团干部、优秀学生干部也可以选聘。

除了国家和地方的政策支持外，各高校和社会各方面也为参加项目的高校毕业生的工作、生活、学习、就业和创业提供广泛的帮助和支持。通过项目实现就业，不仅成为大学生就业的重要途径，而且是目前青年学生成长、成才的重要渠道之一。

（六）灵活就业

灵活就业包括自由职业、意向就业、自主创业等，如作家、自由撰稿人、翻译工作者、某些艺术工作者等。与传统的就业模式相比，灵活就业具有灵活性强、自由度大、适用范围广、劳动关系比较松散等特点。

灵活就业在一定程度上不同于正规的全日制工作，当事人与用人单位之间也没有稳定的劳动法律关系，工作内容与收入相对不稳定。由于这类工作的"非强制性"，就要求当事人有很强的自觉性。

（七）出国留学与深造

出国包含留学与就业。出国留学，指大学生毕业后去其他国家继续学习。要想出国留学，必须参加对应的出国留学考试，如托福、雅思、美国大学入学考试（American College Test，ACT）等，考试通过后申请就读的大学与专业。

出国留学不是一种"时尚"，它不仅对当事人家庭的经济条件是一个考验，而且也是对个人生活、生存能力的一种考验。出国就业，一般指出国劳务、劳务出口，主要指劳务出口国（输出国）向劳务进口国（输入国）提供劳动力或者服务。劳务输入国主要以发达国家居多，如美国、德国、法国、瑞士、加拿大等；劳务输出国以发展中国家居多，如巴基斯坦、印度、菲律宾等。

一般情况下，大学生可以从电视、报纸、网络等媒体获得各种招收出国劳务人员的信息。申请出国就业（出国劳务）必须具备以下条件：

（1）符合劳务进口国需要的专业技术技能。

（2）具有良好的道德修养，遵守劳务进口国的法律和劳动纪律。

（3）健康的身体，能够适应劳务进口国的气候条件和劳动环境。

（4）必要的语言能力，尤其是直接与人交流的外语水平。

三、把握就业途径的基本原则

求职就业是人生道路中重要的一环，不可盲目或勉强。只有依据一定的原则进行决策，才能较好地帮助毕业生实现自己的职业理想。一般来说，毕业生在求职过程中应遵循以下原则。

（一）现实性原则

面对现实就是要以主、客观现实为基本出发点，实事求是地认识自己、评价自己，既不狂妄自大，也不消极悲观。同时，要实事求是地面对社会现实，不放过任何求职机会，才有可能获得成功。

（二）主动性原则

毕业生在求职过程中，要积极主动并全方位地寻找就业信息，主动参与竞争，不能被动地消极等待。

（三）主次性原则

在选择求职目标时，需要学会取舍，认真地分析自己心目中的求职条件，按照主次进行排列，把其中最重要的放在后面，作为一种锦上添花的补充条件，只有分清主次才能抓住身边的就业机会。

（四）比较性原则

如果有机会同时获得几个岗位，就需要进行比较。要把每个职业岗位的优势和不足都摆出来进行客观、全面的分析，最后确定一个最适合自己的岗位。

思考与练习

1. 大学生就业的基本途径有哪些？
2. 国家基层项目有哪些计划？

第二节　大学生求职方式

寻找工作就像买鞋一样，鞋合不合脚只有自己知道。所以求职者在寻找一份好工作之前，就应学会精挑细选。

求职者在找工作时，可以尝试各种各样的方式，尽可能降低失败的可能性，看看哪种方法更有效。

案例导入

善于抓住实习机会

护士专业的毕业生小汪在一家大医院进行护士毕业实习。实习期满后，如果院方满意，小汪就可留下来当正式护士。

一天，急诊室来了一位生命垂危的病人，急需进行手术。当时，所有医生及助理全都排满了，只有实习护士小汪一人手上暂没安排工作。此时，她被安排做主刀医生的助手。手术从清晨一直做到黄昏，整整持续了8个小时，眼看要进入收尾阶段，医生正准备缝合患者的伤口。忽然，实习护士小汪严肃地和主刀医生说："我们用的是14块纱布，可您只取出来了13块。""我已经全部取出来了，一切顺利，马上缝合！"主刀医生头也不抬，不屑一顾地回答。"不，不行！"实习护士小汪高声抗议道，"我记得清清楚楚，术前准备时我认真数了三遍纱布，确实是14块。手术中我们用了全部的纱布，可现在才取出13块纱布，肯定还有一块没取出来！"主刀医生没有理睬她，命令道："听我的，准备缝合！"这名实习护士毫不示弱，大声叫了起来："您是医生，您不能这样做！"直到此时，主刀医生严肃的脸上才浮起了一副欣慰的笑容。他举起右手心握着的第14块纱布，向在场的人宣布："这是我最满意的助手！"于是，小汪就成了这家大医院的正式护士。

启发：

这名实习护士的举动，绝不仅仅是实习期间的认真，还体现了她作为一个医务工作者强烈的职业意识，正是因为她工作上的认真和强烈的职业意识，她才从一名小小的实习人员成为这家大医院的正式护士。由此可见，实习期间的每一个举动对实习者来说都是至关重要的。

越来越多的人才开始寻找适合自己的职业和岗位，但在求职方式的选择和运用上却不尽恰当。因此，对高职毕业生而言，在就业求职环节中，无论采取何种求职方式，求职者都要做好自己的职业规划，多了解职场信息，保持职场信息的通畅。下面详细介绍求职方式的常见类型。

1. 实习就业

实习是大学生走向工作岗位的重要阶段，也是毕业生求职的有效途径之一。通过毕业实习及平时的各种课外实践活动，能够了解用人单位，并让用人单位了解自己。这是毕业生在求职择业过程中增进彼此了解的最好途径。毕业生到单位实习，获取详细的单位和岗位信息，这种消息具有全面性、准确性和成功率高的特点。

大学生在假期参加社会实践和综合实习活动，不仅能锻炼他们的专业技能和社会知识，还为毕业生获取求职信息提供了又一重要的信息渠道。因为实习过的企事业单位已经对毕业生有所了解，同时毕业生也了解实习单位的情况，包括他们用人需求的情况。聪明的学生会把握好实习机遇，展示自己的才华和综合素质。如果用人单位满意学生的表现，会首先录用这样的毕业生。所以，在参加假期社会实践或毕业实习时，选择的单位和自己的就业意向尽量挂钩。深入了解所去单位各方面的情况，并争取在社会实践或毕业实习过程中有突出表现。若毕业生在社会实践或毕业实习过程中各方面表现优秀，该单位在录用过程中，肯定会在众多的应聘毕业生中被优先选择。

因此，毕业生在选择实习岗位时，注意要以谋求职业为目标，利用实习机会加深对所学知识的理解，从而提高技能。即使实习期满后不能被录用，但由于有了这段实习经历，在求职的过程中也会处于优势地位。

2. 自荐（机会掌握在自己手中）

作为毕业生，面对日益严峻的就业形势，要想在激烈的就业竞争中脱颖而出，让用人单位认识自己、了解自己、选择自己，就需要利用各种途径和方法正确地宣传自己。自我宣传的方式之一就是自荐。自荐在很大程度上决定着自己是否能够获得进一步面试的机会。

（1）自荐的含义

所谓自荐，就是毕业生在就业过程中向用人单位展示自己、推销自己。

（2）自荐的方式

①登门自荐。在没有其他关系介绍和推荐的情况下，大学生可以带着自荐材料，直接到一些选定的公司登门拜访，勇敢地把自己介绍给对方，赢得用人单位的赏识。直接登门自荐之前，首先要通过公司网站对该公司性质、特点进行了解，做到心中有数，要在拜访时注意登门自荐的礼仪，表现出对该公司的熟知、了解和喜欢，给用人单位留下深刻的印象。

②电话自荐。大学毕业生可先通过电话簿或已获取求职信息中选定自己喜欢的行业单位，然后按照信息及时与这些用人单位进行电话联系，询问和了解自己的应聘机会，向企业推销自己，表达自己的就业意愿。采用电话求职时应注意：要敢于主动推销自己，通过电话给对方留下一个好的印象；要注意在短暂的时间里完成自己的求职过程，达到求职的目的，诸如对通话时段、通话时间、通话内容都要做精心设计和准备，也要熟悉必要的电话礼仪。

③书面自荐。书面自荐即通过书面材料的形式向用人单位推销自己。这种自荐方式既可

以扩大自荐范围，又可以展示自己严谨认真的工作态度。

④广告自荐。广告自荐是一种借助于新闻传播媒介进行自我推销的自荐形式。这种自荐方式的最大优势是速度快、范围广。

值得注意的是，上述几种自荐方式并不是独立存在的，在现实的求职活动中往往需要综合应用才会达到自我推荐的目的。一般来说，适当的口头自荐再加上书面自荐以及学校推荐或他人推荐效果会更好一些。

学校推荐是目前大多数院校毕业生求职择业的一个主要途径。对毕业生来说，它实际上是一种间接的自荐方式。

（3）自荐材料的基本形式

不同类型的自荐材料，基本形式也不同，主要有名片式、简历式、书信式和档案式四种形式。

①名片式。这种形式的自荐材料是模仿名片的样式和功能而创造出来的一种形式。

②简历式。这种形式的自荐材料一般并不针对明确的具体用人单位，而是潜在地针对任何的用人单位。简历式的自荐材料，从成形后的样式看，可分为表格式和陈述式两种。但不管是哪种样式，其内容结构都必须包含个人基本情况、个人简历、学业成绩、获奖情况、社会实践活动情况五大基本要素。

③书信式。这种形式的自荐材料既可以针对大多数的用人单位，也可以具体针对某个用人单位，甚至具体针对某个关键人物。

书信式自荐材料又称"自荐信""求职信"或"应聘书"，其基本的内容结构仍由个人基本情况、个人简历、学业成绩、奖励情况、社会实践情况五大部分组成，它们构成了书信的核心内容。

④档案式。这是毕业生自己编写的自荐材料的重点方式。所谓档案式自荐材料，它是择业者根据个人档案的一些形式编撰组合而成的一种综合性自荐材料。这种材料往往有较强的针对性，能够起到"一锤定音"的效果。正因为这种形式的自荐材料效果显著，所以，许多毕业生在择业的时候大都选择了这种方式。

档案式自荐材料的具体结构方式多种多样，但基本结构形式都包括标题、导语、正文、附文和附件五大部分。

表 4-1　自荐材料形式的特点

自荐材料形式	特点
名片式	简明、实用，便于交际，但缺乏实证，材料比较单薄，因而给人的可信度不高
简历式	介绍全面、灵活，使用范围广，便于投寄
书信式	以情动人，优美的言辞、真挚的情感、丰富的内容，给人一种亲切的感觉，能够给用人单位留下良好的印象
档案式	效果显著、内容全面、主题鲜明、富于个性、针对性强

（4）自荐的注意事项

①自荐只是手段而不是目的。大学生自我推荐，首先需要解决认识问题，自荐仅仅是一种说服手段，即让对方认可、接受、肯定自己的人格、知识、技能和理想，从而获得成功的机会，而不是以推荐自己为目的，若只是一味地推荐，其结果只能得不偿失。

②要有自信心、主动性和勇气。自信是现代人所必须具备的心理素质。大学生进行自我推荐，首先必须自己相信自己，清晰地知道自己具备目标所需的实力，并完全依靠自己的实力进行竞争，这是求职者成功自荐的奥秘之一。

在推荐自己时，还必须积极主动。成功的自荐还必须具有足够的勇气，不怕失败。在别人面前介绍自己、证明自己，如果没有"初生牛犊不怕虎"的勇气，就会畏缩不前、犹豫不决，就会紧张、拘谨。经常会遇到这样一些情况：有的学生去用人单位之前，脑子里已准备好了对各种问题的回答，可一到现场，脑子一片空白，结果给人一种紧张拘谨、缩手缩脚、没有魄力、无所作为或作为不大的印象。其实，像这类事情反映出部分大学生对自荐既缺乏信心，又缺乏勇气的心态。

③要诚恳、谦虚、有礼貌。诚恳、谦虚、有礼貌是为人处世的基本要素，是赢得用人单位好感的应有态度，对大学生应聘十分重要。诚恳，即做到言而有信。在介绍自己时，要讲真话，有诚意，不吹牛撒谎，给对方以信任感。在求职时，要谦虚，常有不少学生因口若悬河、夸夸其谈吃了"闭门羹"。礼貌，是道德的一种外在表现形式，它在人际关系调节中具有不可忽视的作用。大学生自荐时，无论是表情还是一句称呼、一声感谢、一个小动作，都能反映一个人的内在修养和素质，都会被招聘单位看在眼里，作为评价的内容。因此，自荐时要以礼待人，给对方留下明理的印象。

④要注意对方的需要和感受。自我推荐，应注重对方的需要和感受，并根据他们的需要和感受说服对方，被对方接受。比如，自己所叙述的正好是对方所要的，自己所问的正好是对方要告诉的。要做到这点，首先要有所准备，想一想一般用人单位需要什么，他们会提出什么问题，对什么最感兴趣；其次，临场要"察言观色"，了解对方心理，随机应变。

⑤要善于展示自己。善于展示自己，即"展示适时，展示适度"。"热门"的用人单位往往门庭若市，要想在强手如林的竞争中引人注意，脱颖而出，就必须做到以下几点：

A．会介绍自己

"良好的开端是成功的一半。"自荐时，要先入为主，一开始就简明扼要，说明来意。在介绍自己时，要有理有据，言简意赅。

B．会提问题

提问题是为了自我服务，除了想搞明白某些情况之外，还可借助提问题更好地展示自己，比如，"贵单位需要什么样的大学生"。必要时，也可率先开口，不要总是等对方提问。

C．会回答问题

回答问题是为了说明情况，展示自己。因此，要学会正确运用闪避、转移、引申、模糊应答等方法，达到"以巧破千斤"的效果。

D. 会发挥优势

即展示自己的特色。自荐必须从引起别人注意开始，如果别人不在意你的存在，那就谈不上推荐自己。引起别人注意的关键是要扬长避短，有自己的特色，使对方对自己产生兴趣。大学生自荐，其自身特点因人而异，关键在于会表现，能"技高一筹"。

E. 要善于"包装"自己

在竞争激烈的今天，包装不仅限于保护功效，更主要的在于它能弥补个人不足，提高个人价值，发挥"促销"作用。包装分为外包装和内包装。外包装又称为初级包装，它是通过一些非语言媒介对自荐发挥作用，如衣着、发式、动作、行为举止、体态、气质等要得体、适度，给人以大方、潇洒、端庄、有知识、有涵养、有信心，符合大学生身份的感觉。内包装也称深层次包装，这是建立在有真才实学的基础之上，是将多种抽象和具体结合进行的自我推销的一种有效方法。内容包括个人积累的经验、知识、出色的口才、扎实的专业基本功等。这种方法运用得当，有助于给人留下完美的第一印象。

F. 要注意控制情绪

人的情绪有振奋、平静和低潮三种表现。大学生初次接触社会，缺乏说话技巧。因此，在推荐自己的过程中，要善于控制情绪，说话节奏适中，可以表露出自己的才华、学识、能力和社会阅历，增加对方对自己的了解。为了控制自己亢奋的情绪，美国心理学家尤利斯提出了有趣的忠告：低声、慢语、挺胸。

G. 要"知难而退"

各有所需，量才录用。假如你已尽力但仍然说服不了对方，没能被对方所接受，此时你应"知难而退"，另找门路。倘若期望值过高，就应该降低期望值。

3．他人推荐

他人推荐也是一种比较常见的求职方式，可以扩大职业选择范围。他人推荐最直接的办法是求助于亲戚、朋友、同学以及其他密切可靠的周围人群。

一般可以提供信息的主要有以下几类人。

（1）学校的教师或导师

由于本专业的教师比一般人更了解本专业毕业生适合就业的方向和范围，在与校外的研究所、企业、公司合作开发科研项目和教学活动中，对一些对口单位的人才需求信息了解得比较详细。毕业生可以通过专业教师获得有关企业的用人信息，从而不断补充自己的信息库，可以直接找他们作为推荐人或引荐人。

（2）家长亲友

他们都相当关心毕业生的就业问题，且来自社会的各个方向，与社会有多种联系，可以从不同渠道带来各种用人单位的需求信息。家长亲友提供的职业信息主要来源于其个人的社会关系，相对固定，但也有相当大的局限性。反映不了职业市场的实际供求状况，也往往不太适合那些专业比较特殊、学生本人就业个性比较强或具有某些竞争优势（如学习成绩优秀、共产党员、学生干部、有一技之长等）的毕业生。但信息的可靠性比较大，传递到毕业生本人的职业信息，一旦被接受，转变为就业岗位的可能性比较大。毕业生由家长亲友提供的职业信息的数量和质量有很大的个人差异。对有些毕业生来说，家长亲友提供的职业信息是其主要的选择；而对有些毕业生而言，则可能只是聊胜于无。

（3）自己的校友

校友提供的职业信息的最大特点是比较接近本校，尤其是本专业的毕业生在人才市场上的供求状况及其在具体行业中的实际工作、发展状况。近几年，毕业的校友更有对职业信息进行获取、比较、选择、处理的经验和竞争择业的亲身体会。这比一般纯粹的职业信息更有参考和利用价值。

4．利用网络和媒体招聘平台

（1）网络求职

网络人才的兴起，让现代人寻找工作时，不但能够快速、准确地投递履历表，网上求职与招聘也是互联网上一种信息化的人才交流形式，而且是最方便快捷的求职方式。常见网络求职有以下几种类型。

①网上求职信。最好是为你看中的每一个招聘企业量身定制一份简历，然后写一封言辞恳切的求职信放在你的简历前面，一起发出去。即使是在网上填写了职位申请表，也别忘了再发一封求职信。求职信、简历都应该采用文本格式，以方便人事主管阅读。

②网上在线招聘。向用人单位提问一定要简明、扼要，回答问题要突出个人特点和优势，网上应聘最忌一开口谈工资待遇。受网络时间、视频空间的限制，网上招聘给每个求职者的时间是有限的，你要问的是最想知道的内容、最关键的问题。获得用人单位首肯后，一定要留下明确的联系方式。

③制作个人宣传网页。可以利用自己的技术优势，化被动为主动，在互联网上建立自己的个人主页。不过，这种方式有点守株待兔的意味，只能作为一种辅助方式，不能把希望全部寄托在此。同时，这种办法也是双刃剑，用好了可以充分展示自身特色，吸引用人单位的目光；没用好，或许会适得其反。

（2）网络求职注意事项

依托各级政府人才部门和社会建立的人才网站，不受时间、地域、空间的限制，避免了人群大范围集中和对场地的依赖，给用人单位和毕业生求职者提供了便捷的交流平台。因此，网上求职与招聘受到了越来越多用人单位和毕业生的青睐。求职毕业生如何通过互联网推销自己？如何提高网上求职的成功率？网上求职应注意以下几个问题。

①选择合适的人才网站。互联网上能搜索出近万家人才网站，要选择有影响的、点击率高的、信息更新速度快、求职招聘互动功能强、口碑好的人才网站作为载体。各级政府人事人才网站，以及劳动保障、教育部门主办的人才网站是首选，因为有政府人事部门主管，对网上招聘的用人单位进行审核，能负责任地为毕业生服务。用人单位的网站和正规的大型人

才服务专业化公司的网站也可以。一般应选择两至四家人才网站,按影响力分全国、省级、市级逐个投放求职简历,以此来增加求职成功率。

②网上注册,投放求职简历。人才网站拥有人才求职注册、查询的用户界面,并提供求职简历填写的电子表格。一是注意最高学历、求职意向、求职地域、现住址、联系方式的填写是不可缺少的,这是招聘单位查询求职简历的关键字段。二是个人资料一定要详细填写,工作经历、教育经历、培训经历、个人特长,这是招聘单位最感兴趣的,决定面试与否在此一举。语言描述要主题突出、简明扼要,教育经历从高中以上填写即可。三是对薪酬要求不要过高,填写自己能承受的最低月薪要求,由此可增加面试机会。等到用人单位与你录用洽谈时,再详细谈薪酬。另外,要注意保存好网络用户名和密码,它是你再次上网登录时的通行证。

③充分利用网站的交互查询功能。好的人才网站一般都有自动职位匹配、详细查询招聘信息、英才自荐、在线洽谈等功能。注意使用组合查询功能,根据自己的专业、特长、能力,认真分析查到的用人单位需求信息,做到心中有数。尤其要注意的是,不要在同一单位应聘多个岗位,或者是向一家招聘单位多次发送求职简历,否则会让用人单位认为你缺乏诚意,缺少专业特色。

④及时更新自己的求职信息。求职简历投放之后不是万事大吉,个人情况有变化时,尤其是通信方式、现住址的变动,应该及时更新。注意信息的沟通,一是注意浏览招聘信息,筛选适合自己的求职岗位,及时发出求职简历,在发出求职资料后几天,主动发电子邮件或打电话询问情况,以示自己的诚意,做到心中有数;二是注意招聘单位发来的面试通知、E-mail或电话,并给予回复;三是在找到稳定的工作后,及时地撤销或挂起自己的求职简历,防止其他招聘单位的干扰。

⑤慎防网上受骗。在网上与用人单位的交流只是第一步,不可因为急于求职,轻易应诺,时机成熟后本人应创造条件到应聘单位实地考察。不向招聘单位邮寄证书、钱物;如有单位以考核能力为名,传来诸如翻译资料、程序编写、网页制作等要求完成,则需慎重。一次考核可以理解,但若有多次考核增补事项,以防对方赚取你的无偿劳动。

⑥网上求职要保持平和的心态。网上招聘提供的岗位有限,而应聘者多,在这种严峻的就业形势下求职的大学生要坦然地面对挫折和困难,不必过分焦虑,要以积极的心态迎接挑战。

(3) 报纸等大众传媒

各种大众媒体如报刊、电视、广播等都为毕业生介绍就业政策和就业信息设立了专题、专版或专刊。这种途径获取的就业消息速度快、范围广、信息多、竞争性强,但受到篇幅、时间的限制,它在内容上比较笼统,不全面,可靠性较差。特别提醒毕业生,注意鉴别信息真伪,安全求职。

5. 创新求职

有的人采用了一些独特的、有创意的求职途径跟方法也获得了求职的成功。

6. 人才委托

人才委托推荐是现代人事工作的重要内容，是人事代理服务的主要实现形式之一，是一种新型的服务方式。它适用于用人单位和各类人才的双向选择，特别有利于提高中、高级人才的择业成功率。

求职应聘者可通过委托的方式向具有资质的人才服务机构提供有效的证件和业绩材料，明确择业方向和职位要求，提出相应薪酬和工作环境。人才服务机构一旦接受委托，就会在约定的期限内，完成向用人单位的推荐，并使求职者得到专门组织的面试机会，这种委托推荐方式能给求职者提供更多的便利。

思考与练习

1. 大学生的自荐方式与技巧有哪些？
2. 根据你所在的学校和你所学的专业，并结合个人条件，分析选择哪种求职方式更适合你。

第三节　大学生就业流程

案例导入

小赵是某重点大学国际经济与贸易专业毕业生，他来自安徽，毕业后想到上海工作。大学四年，小赵专业成绩在班上名列前茅，年年获得奖学金，并担任学院学生会学习部部长。凭着过硬的专业功底，小赵在求职过程中并没有太多的悬念，上海一家国内著名的商贸公司于当年5月向他发出了录用通知函。到公司报到后，老总对他非常器重，答应让他先实习三个月，每个月3500元工资，实习期满后，工资每月6000元。

当年9月，小赵与公司签订了正式协议，老总还让他参加了一个重要的国外合作的项目，这样一忙就到了12月底，他也出色地完成了公司交给的任务。就在这时，一件他没有料到的事情发生了，小赵从同学处得知，外地毕业生在上海就业需要办理相关审批手续，他这才模模糊糊地想起学校还有一些手续，由于忙公司的项目，一直拖延未办。于是，他向公司请了假，急急忙忙赶回学校办理相关手续。学校老师告诉他，按照当年的政策规定，进沪手续已经在10月底截止，而以后若想解决上海户口，就只能通过复杂的人才引进手续来办理了。听老师这么一说，小赵后悔不已！

启示：

大学毕业之后便投身工作之中，这是情理之中之事，但是很多大学生对就业程序并不了解，因此在踏出校门寻找工作的时候处处碰壁，自信心受到了严重的打击，其实这都是因为准备不充分，不了解就业程序所致，那么大学生到底要知道哪些就业程序呢？

一、高校就业管理的基本流程

（一）毕业生资格审查

毕业生生源统计工作一般在每年的9月份开始。生源统计内容包括毕业生毕业专业、姓名、性别、政治面貌、家庭所在地、培养类别等。生源统计是一项十分重要和严肃的工作，既不能有丝毫差错又不能弄虚作假，凡是属于国家正式派遣的毕业生都必须是招生时列入国家任务计划内招收的学生。

（二）发布生源信息，收集就业信息

在进行毕业生资格审查的同时，学校还着手制定毕业生的专业介绍。专业介绍从所设专业、培养目标、专业内容、课程设置（专业课、基础课、选修课）、工作领域、专业前景等方面对应届毕业生的所学专业进行全面介绍。这是向用人单位提供的基础材料，主要是让用人单位对所需要专业的毕业生情况有所了解。毕业生也可通过专业介绍方式广泛收集就业信息，并积极了解各地区的就业政策，加强与用人单位的联系。

（三）发放就业相关资料

学校的毕业生就业部门将向毕业生发放《毕业生推荐表》和《全国普通高等学校毕业生就业协议书》（以下简称《就业协议书》）。其中《毕业生推荐表》每人一份，是学校对毕业生综合情况的证明。由于毕业生在找工作时尚未毕业，所以《毕业生推荐表》也是证明毕业生身份的有效证件。《就业协议书》是为了明确毕业生、用人单位、毕业生所在学校三方在毕业生就业工作中的权利和义务，经协商签订的法律文书，是劳动合同的一种特殊形式，具有法律约束力。

（四）就业指导

就业指导已贯穿到大学生学习的全过程。对低年级进行的就业指导主要涉及职业生涯指导和就业素质教育，而各高校对应届毕业生进行的就业指导，主要为择业求职指导，包括形势分析、政策指导、信息指导、心理辅导、面试指导等，目的是帮助毕业生根据自身的特点和社会职业的需求，选择最能发挥自己才能的职业，全面、迅速、有效地与工作岗位结合，并帮助大学生在今后的职业生涯中实现自己的人生价值和社会价值。

（五）供需见面和双向选择

供需见面和双向选择活动是毕业生落实就业单位的重要方式。高校的就业管理机构在每年10月至下一年的6月，组织多种形式的"供需见面、双向选择"招聘会，为毕业生求职择业创造条件、提供服务。毕业生在学校的指导下可直接参加这类活动。经供需见面和双向选择，毕业生与用人单位达成意向后，应签订毕业生《就业协议书》，作为毕业生派遣报到就业的依据。

（六）制订就业方案

每年 3—6 月，高校就业管理部门都要审查《就业协议书》是否合法有效，手续是否齐全。每年的 6—7 月，毕业生所在高校的就业主管部门要根据学校、毕业生和用人单位三方签订的《就业协议书》制订就业初步方案，经毕业生本人核对、确认就业初步方案后形成就业方案，然后报送到省厅主管部门备案。

（七）派遣、报到接收工作

学校派遣毕业生的时间一般在每年的 6 月底至 7 月初。

二、用人单位的招聘流程

（一）需求和招聘计划

用人单位根据自身的建设和发展状况，确定当年需要招聘毕业生的岗位、人数和条件等，同时，将根据要求制订详尽的招聘计划。

（二）发布就业信息

用人单位在确定了需求信息后会及时向外发布，以传递给大学生。其主要渠道有以下几项：

1. 到政府教育主管部门所属高校毕业生就业指导中心登记；
2. 到高校毕业生就业工作部门登记；
3. 在自己的网站上发布信息，供学生上网浏览；
4. 通过电视、报纸、广播等媒体发布需求信息。

（三）举行单位信息发布会

为在大学生中进行广泛宣传，一些用人单位（主要是企业单位）还会到学校举办单位宣讲会，介绍单位的发展建设情况、人才需求情况及发展机遇、用人制度和企业文化等，并回答大学生们关心的各种问题。

（四）收集生源信息

用人单位要想招聘到优秀大学生，需要广泛收集学生信息。收集学生信息的主要渠道有以下几项：

1. 从政府教育主管部门所属高校毕业生就业指导中心及学校就业工作部门获取学生信息；
2. 参加供需洽谈会、招聘会或通过就业市场收集学生信息；
3. 在网站上收集学生信息；
4. 通过毕业生的自荐获取学生信息；
5. 通过报纸杂志等媒体上刊登的"求职广告"获取学生信息。

（五）分析生源资料

对收集到的学生信息进行分析处理，初选出符合自己条件的学生，以便进行下一轮筛选。一般而言，用人单位注重的学生资料包括性别、专业、知识水平、综合能力等要素。

（六）组织笔试

为了考核学生是否具有在本单位工作所需的基本知识、能力和素质，一些用人单位会以笔试的形式选拔学生。笔试的时间、地点、出题范围，用人单位会提前通知。

（七）组织面试

面试是许多用人单位考核学生综合素质的最后一关。有的用人单位还要组织几次面试，每次面试的参加人员及考核的侧重点是不同的。

（八）签订协议

用人单位经过各项考核后，决定录用毕业生，这时必须签订《就业协议书》。有些用人单位会同时与毕业生签订《劳动合同》，明确双方的责任与权利。

（九）办理就业管理部门的相关手续

用人单位根据招聘要求，需提前办理需求信息登记，公布招聘信息。办理信息登记有助于政府宏观掌握社会需求状况，有效防止不法单位对就业市场的干扰，保证毕业生和用人单位在公开、公正、公平竞争的条件下双向选择。

（十）上岗培训

每一个用人单位对新员工都有一套培训计划。培训的内容因用人单位而异，但其目的都是相同的，即通过培训让毕业生在入职前对单位有一个全方位的了解，认识并认同单位的企业文化，坚定自己的职业选择，理解并接受单位的规章制度，明确自己的岗位职责、工作任务和工作目标，掌握工作要领、工作程序和工作方法，以便尽快适应新的工作和生活环境。

三、大学生的择业程序

一个完整的择业过程，至少要包括了解就业政策、收集信息、自我分析、确定目标、准备材料、参加招聘会（投递材料）、参加笔试、参加面试、签订协议、走上岗位等环节。走好择业的每一步，对成功实现自己的择业理想十分重要。

（一）了解有关就业政策

大学毕业生就业是一项政策性很强的工作，了解国家有关就业政策是大学生求职择业的关键一步。有人曾经形象地称求职择业中不熟悉就业政策的大学生"如同不懂得比赛规则而上场比赛的运动员"。的确，面临求职择业的大学毕业生们，如果不去首先了解国家，以及有关部门的就业政策而盲目地去选择职业，那么很可能事与愿违，甚至碰壁。

大学毕业生就业政策是国家为实现一定历史时期的任务，适应经济建设和社会发展的需要而制定的有关大学生就业的行动准则，它将根据国家政治、经济形势的变化而不断调整。各地区、各部门根据国家当年颁布的有关政策，结合本地区、本部门的实际，制定本地区、本部门的一些毕业生就业政策，学校、毕业生和用人单位必须按照这些政策来指导和规范毕业生的求职择业活动。因此，毕业生在面向社会求职择业时，首先需要主动向学校及有关部门了解当年国家在大学毕业生就业过程中的具体政策规定，学校及有关部门也会在适当时机向学生公布国家及有关地区、部门的就业政策。

（二）收集信息

完成任何一项工作，收集信息都是必不可少的。对大学生就业活动而言，收集信息是迈向成功的第一步。大学生在择业过程中需要收集的信息，大致包括以下五个方面内容：

1. 政策和法规信息，如《劳动法》《中华人民共和国劳动合同法》（以下简称《劳动合同法》）等。

2. 当前经济发展形势，社会各行业、各类企事业单位经营状况信息。另外，某一具体用人单位的经营状况、文化背景、发展前景、对人才的重视程度、工作条件、福利情况等，也是大学生应该收集的信息。

3. 就业活动安排信息，如什么时候召开企业宣讲会、什么时候举办招聘会等，这些信息也十分重要。

4. 成功择业的经验、教训等。"择业过来人"的择业经验、教训，就业指导老师的切身体会等，都可以为大学生的成功择业助上一臂之力。

5. 用人单位的需求信息。用人单位的岗位需求信息，该岗位对于大学毕业生的能力、技能要求以及专业要求的信息对于大学生就业至关重要。

大学生收集信息的渠道，一般有以下几个：

（1）当地政府教育主管部门所属高校毕业生就业指导中心。

（2）学校学生处或就业指导中心。

（3）专业招聘网站。

（4）广播、电视、报纸的"求职""就业"专栏或专版以及有关企事业单位的招聘广告。

（5）社会考察及毕业实习。

（6）亲朋好友及学校校友。

（7）有关老师及其关系网络。

（8）用人单位举行的说明会等。

在择业过程中收集信息时，应该有明确的目的，收集的信息要对自己的就业活动有帮助。这就要求大学生在收集信息时，注意所收集信息的准确性、客观性和全面性。而且，信息收集活动不应该中断，要连续进行，大学生在择业的每一个环节，都要注意收集信息。

（三）自我分析

在收集信息的基础上，大学生要联系自身实际，理智地进行自我分析。自我分析的内容包括以下几点：

1. 自身综合素质、能力的自我测评，如学习成绩在全专业中的名次，自己的兴趣、特长、爱好，自己有何出众的能力（包括潜能）等。

2. 分析自己的性格、气质。一个人的性格和气质对所从事的工作有一定的影响，如果能从事与自己的性格、气质相符的工作，也许更容易出成绩。我们可以用一些测试表对自己的性格、气质进行一定的分析。

3. 自己在择业过程中，具有哪些优势、哪些劣势，该如何扬长避短。

4. 问一问自己究竟想做什么，即自己想在哪一方面有所发展，想成为什么样的人才，换言之，即自己的"满足感"是什么、"价值标准"是什么。

理智地对自我进行剖析，在择业中至关重要。不清楚自己有何优势、有何劣势，不分析自己真正想要什么，会导致择业过程中的盲目从众和患得患失，同时也会影响到今后的工作。

（四）确定目标

自我分析的结果，是确定自己的择业目标。从大范围上说，大学生首先需要确定的择业目标是择业的地域和行业范围。

1. 择业的地域。即：是在沿海城市就业，还是在内陆城市就业；是留在外地就业，还是回本省、市就业。在确定择业地域时，要问自己这种决定是否符合政策条件，是否会得到政府教育主管部门以及学校的批准，同时还要考虑生活习惯、今后的发展等因素。

2. 择业的行业范围。即：是在本专业范围就业，还是跳出本专业去其他行业就业；是从事本专业范围内的技术工作、管理工作，还是教学、科研工作等。在确定行业范围时，要多考虑自己的综合素质、能力如何，有什么兴趣和特长。

在确定了择业地域以及择业的范围与自己希望从事的职业后，可以向择业的目标进一步靠拢：对于愿意到企业工作的大学生，是选择国有企业，还是选择三资企业、民营企业；这些企业中，有哪些单位前来招聘，自己是否符合条件，自己最希望到哪一家企业工作。择业过程中，当然会遇到不少不可预测的变化，但是，事先给自己的择业确定一个比较明确的目标，可以使整个就业活动显得有的放矢、有条不紊，不然，就会出现乱打乱撞的盲目、被动局面。

（五）准备材料

在确定了择业的目标之后，大学生接下来要做的事情便是准备材料。这些材料包括个人简历、自荐信以及有关的重要补充材料。

（六）参加招聘会（投寄材料）

在大学生就业活动中，招聘会或就业市场就是在用人单位与学生间架起的见面、沟通的桥梁。招聘会或就业市场大致可分为四类： 一是社会上的人才市场；二是政府教育主管部门所属就业指导中心组织的供需洽谈会、就业市场；三是学校组织的供需洽谈会、招聘会；四是各院系自身联系组织的小型招聘会。

在招聘会或就业市场上，用人单位与学生之间只是初步"结识"。 用人单位向学生宣传单位的发展建设状况，同时收集众多学生的材料（有的用人单位可能向应聘学生发放登记表）；学生则在了解用人单位的大致情况后，将材料或登记表交给单位。另外，用人单位往往会在网上发布需求信息，而大学生也可以通过上网将自己的信息传递给用人单位。

（七）参加考试

不少用人单位在招聘过程中会采用笔试的方法考核应聘者的知识、能力与素质。大学生如果获得笔试的机会，应该珍惜并认真对待。在笔试前，要对自己所学知识进行科学、系统的复习，同时，调整好自己的应试心理和应试状态，准备好各种考试中可能用到的工具。

笔试检验的是大学生运用大学期间所学知识、所培养技能去处理实际工作问题的能力。因此，用不着过分紧张和担忧。

（八）参加面试

面试是一些用人单位考核学生综合素质的重要手段。通过面对面的沟通、交流，用人单位可以了解学生的表达能力、思维能力、处事能力以及其他一些不能通过笔试反映出来的个人素质。

（九）签订协议

用人单位通过供需见面、笔试、面试等招聘活动，选拔自己中意的大学生后，便向该学生发出录用通知书。学生在接到录用通知书后，如果愿意到该单位工作，则双方进入签订就业协议阶段。就业协议书一般应包括：服务期、工作岗位和工作内容、劳动保障和工作条件、工资报酬和福利待遇、就业协议终止的条件、违反就业协议的责任等条款。另外，学生和用人单位可在就业协议书上附加双方认为需要增加的条款。

（十）走上岗位

与用人单位签订好协议，并得到学校、政府教育主管部门的审核通过后，接下来大学生要做的便是以优异的成绩完成毕业论文，等待毕业派遣，做好毕业离校的各项准备工作。

跨出校门，大学毕业生将步入另一个天地。走上工作岗位，将会有更多的挑战等待着大学毕业生。服从安排、踏实肯干、遵守制度、刻苦钻研、尊重长辈、团结同事等，应该成为大学毕业生的具体行动。机会垂青于那些有准备的人，垂青于那些脚踏实地、勤奋努力的人，对于择业是如此,对于今后的工作,更是如此。一名优秀的大学毕业生,一定能够在未来的天空展开腾飞的翅膀。

思考与练习

1. 大学生就业有哪些主要程序?
2. 用人单位的招聘程序有哪些?
3. 设想一下,根据自己的预期你的就业方案该如何编制?

第五章

大学生求职技巧与职场礼仪

思政目标

- 培养求职技能，增强理论自信、道路自信。
- 培养爱国主义情怀，了解中国礼仪文化。

学习目标

- 掌握面试、笔试的相关知识。
- 掌握职业礼仪的相关知识。

第一节　大学生面试种类和技巧

案例导入

品学兼优的毕业生小董，从离校开始就为毕业后的出路四处奔波。一家外资企业的总经理和他约定时间进行面试。那天，小董因为前一天晚上玩得太晚，早上睡过了头，以致迟到了25分钟，就随便编了个理由说堵车了。面试过程十分顺利，无论专业知识还是质量管理方面的大胆设想，都赢得了总经理的夸赞，小董离开时信心满满。

第二天，小董就接到了外资企业的电话通知："实在对不起，我们这次对你的求职申请，暂不予以考虑，实在抱歉。"他事后经多方打听，才知道总经理对他做出了这样的评价："不守时，不诚实。"什么原因呢？小董自己心里当然很清楚。原来那天面试他是骑自行车去的，原以为自行车停在公司门外没人会注意到，没想到却碰巧被总经理在办公楼上看到了。

启示：

面试中即使你拥有非常杰出的智慧与才干，但是因为自己的不诚实同样会让你付出代价，失去理想的工作。如果没有诚实的品质，也无法获得事业的成功。

一、面试的概述

面试是求职择业的必经环节,也是决定求职是否成功的关键,是求职过程中一个重要的环节。通过面试,用人单位可以直接观察求职者的面貌外观和言谈举止,了解求职者的总体素质和各方面的才能。俗话说:"不打无准备之仗。"求职者在面试前要做好充分的准备工作,以最好的状态来应对面试。

二、面试前的准备

对于大学毕业生来讲,面试是一种综合性极强,集多种知识、能力于一体的多方面考核方式,是对自己多年来学习、实践成果的一次考验。在面试前应做好充分的准备,以最好的状态来迎接面试。

(一)充分了解自己

面试是用人单位对求职者最直观的了解途径。求职者在面试过程中要通过语言和肢体语言来展现个人特征和魅力,从而打动考官,获得就业机会。求职者需要在短时间内让考官全面了解自己、记住自己,这是非常困难的事情。因此,必须做好自我探索,规划好自己的生涯目标(短期和长期)、兴趣,突出自己的优势,在面试过程中更好地展现自己。

1. 个人性格特征的探索

性格特征是用人单位考核求职者是否适应岗位的重要因素。一方面,求职者在面试过程中的行为举止会给考官留下性格特征印象;另一方面,求职者解答问题的方法和思维倾向也会给考官留下深刻的印象。求职者首先应该对自己的性格特征具有一定的认识,并通过简历上曾经发生过的事例归纳总结自己的性格特征。

2. 个人学习工作的梳理

个人学习工作的梳理一般是指对自身过往学习经历或者工作实践经验的总结与分析。在制作简历过程中,我们已经对自己学习、相关工作经验做了梳理与筛选,而在面试过程中,考官往往会对这些经历进行更加深入的了解。同样,求职者在面试前,应该对自己的学习工作重新进行编排回忆,尽可能尝试量化总结自己的某些经验或者是学习工作中体现出来的能力。通过案例以及量化的表述,能够让考官更加信服,从而赢取考官的信任。

(二)详细了解用人单位

古人云:"知己知彼,百战不殆。"面试是一个互相了解的过程,多了解用人单位及所要应聘岗位的信息,可以让我们在应聘过程中更加应付自如,同时也给考官留下细致认真、准备充分的好印象。为此,求职者可通过用人单位的官方网站、人才网站、论坛或从亲戚朋友处等多渠道来了解用人单位,具体须了解以下内容。

1. 用人单位的性质、类型、主要产品、规模效益、文化、发展动向等。

2. 用人单位对员工的工作要求、职责要求及给予员工的薪酬、在职培训等。

3. 用人单位所招聘职位的性质、发展空间、所需要的能力等。

对面试单位的了解和关注，反映出应聘者对工作的兴趣和面试的重视程度，可以给考官留下良好的印象，从而提高面试成功的概率。

（三）材料准备

求职者参加面试要准备好个人简历、自荐信、荣誉证书及相关证件等面试需要的材料。如果应聘外资企业，个人简历、自荐信，最好采用中英文对照格式。同时，准备笔记本、签字笔等备用。所有的材料最好用一个整洁的文件袋装好，以免遗漏。

另外，求职者应当熟悉自己的简历内容，如果用人单位根据求职者的简历内容进行提问，求职者的回答与简历不一致，会使用人单位对求职者的诚信度及过去的经历产生怀疑。

（四）自我介绍

在求职面试时，大多数考官会让求职者做自我介绍。一方面了解求职者的大概情况，另一方面考察求职者的口才、应变和心理承受能力及逻辑思维能力等。

自我介绍的内容不宜太多地停留在如姓名、工作经历等方面，因为这些在简历表上已经有了，应该更多地谈一些与应聘职位有关的工作经历和所取得的成就，证明自己有能力胜任所应聘的这个职位。

（五）面试状态的调整

用人单位对求职者最重要的印象是面试时的状态，求职者面试状态的好坏，关系到最终能否被录用。

1. 调整心情

在参加面试时一定要精神饱满，在参加面试前要适当放松，调节自己的生活规律，保证充足的休息时间，注意自身仪表，以饱满的精神状态面对考官。

2. 保证充分的休息

充分的休息是面试中展现自我最佳状态的前提，因此在面试前，一定要保证充足的睡眠，以便在面试中能够展现最好的精神状态。

3. 准备好面试服装和物品

面试前，准备好面试的服装、公文包、皮鞋、笔、笔记本以及所有的证明材料。

4. 独自前往

在各类面试中，不要让自己的父母或亲戚朋友同行，要独自前往。这样可以避免用人单位怀疑个人的独立能力和自信心。

5．遵守时间

参加面试，最好比约定时间早（提前 10 分钟）到达面试地点，以稳定自己的情绪并做好面试准备。如果有意外情况，不能按时到达，最好能够在面试前通知用人单位，告知自己不能准时到达面试地点。到达用人单位后礼貌对待前台接待，在规定的地方等候，不可随意走动。与考官打招呼时要正式而有涵养，与他们握手要有力，并表现自然。在面试期间，要尽量放松、充满自信。

三、面试的种类

面试是用人单位在招聘时最常用的方法，是双方相互了解的过程，也是招聘单位对求职者的知识、能力、经验等有关素质的一种测评方式。根据面试内容、组织形式和面试要求，面试大致可以分为以下几种：

（一）单人面试。又称"单独面试"，是指用人单位对求职者单独交流的面试形式。

（二）小组面试。小组面试指同时对多个求职者进行的面试。

（三）结构化面试。又称"标准化面试"，是指按照事先准备好的面试程序、面试试题和面试评分标准来进行面试的一种方式。

（四）非结构化面试。是指事先没有准备面试框架结构，也不使用确定答案的问题，视具体情况灵活提问的一种面试方式。

（五）压力面试。指考官有意制造紧张氛围，用穷追不舍的方式对某一问题进行提问，目的在于观察求职者如何应对工作压力。

（六）情景面试。指事先设定一个模拟情景，要求求职者扮演某种角色，考官根据求职者在情景中分析问题、解决问题的表现来测评其素质潜能，目的在于考察求职者分析问题、解决问题的能力。

（七）无领导小组讨论。又称"无领导小组测试"，是指在小组讨论的过程中，不为该小组指定领导人，而是让大家自由发言。

四、面试的技巧

面试的成功与否是求职者获得工作的关键。为了能在较短的时间内成功地营销自我，求职者除了展现自己专业知识、能力和才华外，还应在求职面试过程中适当使用一些技巧。

（一）自我介绍的技巧

面试开始时，首先要有 1～2 分钟的自我介绍，这时要将自己最好的一面展示出来，清晰地说出自己的名字、学校、教育背景等内容，重点突出，使考官对你产生兴趣和好感，眼睛不要东张西望、显得漫不经心的样子，尽量少用一些手势，保持一种得体的姿态很重要。

（1）我是谁。介绍个人履历和特长，做过什么；介绍与应聘职位密切相关的实践经历，包括校内活动经历、相关的兼职和实习经历、社会实践等。

（2）做成过什么。介绍与应聘职位所需能力相关的个人业绩，包括校内活动成果和校外实践成果。

（3）想做什么。介绍与应聘职位、行业的看法和理想，包括职业生涯规划、对工作的兴趣和热情、未来的工作计划、对行业发展趋势的看法等。

（二）语言表达技巧

面试过程中求职者的语言表达艺术，体现着他的综合素养和成熟程度。对求职者来说，掌握语言表达的技巧无疑是很重要的。准确、灵活、恰当的口语表达，是面试成功的关键。因此，求职者要掌握以下语言表达技巧：

（1）口齿清晰，语言流畅，文雅大方。交谈时要注意发音准确，吐字清晰，还要注意控制说话的语速。为了增添语言的魅力，应注意修辞，忌用口头禅。

（2）语气平和，语调恰当，音量适中。面试时要注意语言、语调、语气的正确运用。问候时宜用上语调，加重语气并带拖音，以引起对方的注意；自我介绍时，最好多用平缓的陈述语气，不宜使用感叹语气。两人面对面交谈且距离较近时，声音不宜过大，群体面试且场地开阔时，声音不宜过小，以考官能听清你的讲话为宜。

（3）语言要含蓄、机智、幽默。说话时除了表达清晰外，适当穿插一些幽默的语言，使谈话气氛轻松愉悦，也能展示自己的幽默气质和从容风度。尤其是遇到难以回答的问题时，机智幽默的语言能给考官留下良好的印象。

（4）语调得体，语速适宜。得体的语调应该是起伏而不夸张，自然而不做作的。应根据内容的重要程度、难易程度及对方的反应，要适时地调整自己的语言、语调和节奏。

（三）倾听技巧

倾听是一种重要的信息交流技巧。面试的实质是主考官与求职者进行信息交流从而获得全面评价的过程，形式上充分体现在"说"和"听"上。正确有效的倾听不仅应听清主考官说什么，更应该听懂主考官说什么。只有做到了听懂，才能根据主考官的问题给出满意的答案。那么，求职者该怎样才能做到有效的倾听呢？

（1）耐心倾听

一些求职者在面试中表现得过于积极，当考官提到自己非常熟悉的话题时，没等考官说完，求职者就打断考官的话，断章取义地进行解读。这种行为不仅十分不礼貌，而且容易误解主考官的真实意图。

在面试接近尾声时，没注意考官后面的话，被考官看在眼里，会对求职者产生不好的印象，这也会使考官对其评价大打折扣。

（2）仔细聆听

体现求职者专心致志的最好办法就是积极配合考官，对考官所提出的观点表示赞同或是提出自己的意见，还可以就考官提出的问题进行提问。从这些举动中，考官可以辨明求职者的态度，并对其做出正面的评价。

（3）用心聆听

用心聆听是听清考官问题的最好办法。在与考官交流时，要始终全神贯注，保持饱满的精神状态，专心致志地注视对方。同时，要认真思考考官所说的每一句话，善于从中发现和提炼出问题的实质。

除了上述三种倾听态度，还应注意倾听过程当中的一些细节。

①不仅要倾听考官所说的事实内容，还要留意他所表现的情绪。

②注意对方避而不谈的某些方面，这些方面可能正是问题的关键所在。

③在谈话中，不应直接质疑和反驳，如有问题，留到稍后再来查证。

④你确实想多了解一些信息时，不妨重复对方所说的要点，请他做进一步的解释。

⑤关注中心问题，避免思维混乱。

⑥不要过早做出结论和判断。

⑦避免周围环境影响你。

⑧听到困难而复杂的信息时要镇静。面试录用的原则是优胜劣汰，对你来说复杂困难的信息，对别人可能也是如此。困难既是考验，也是机会，一定要保持镇静和自信，尽自己的努力去解决问题。

（四）应答技巧

面试过程中，主考官会向求职者提出各种问题，而求职者的回答将成为考官评价的重要依据。在回答问题时，有以下几点技巧需掌握。

（1）确认提问，切忌答非所问。面试中，考官提出的问题过大，以致不知从何答起，或不明白问题的意思，是常有的事。这时可以请考官将问题复述一遍，确认提问内容再回答，才不致南辕北辙、答非所问。

（2）把握重点，条理清楚。一般情况下，回答问题要结论在先，议论在后，先将中心意思表达清楚，然后再叙述。每个人都有自己的优势和不足，如何在有限的时间内体现你的优势，扬长避短、显示潜力是一种艺术。

（3）先说论点后说依据。求职者在回答问题时，要考虑自己所说内容的结构，尽可能短时间内组织好语言。一般来说，回答一个问题时，首先提出你对问题的基本观点，然后再逐一用材料来论证或解释。

（4）讲清原委，避免抽象。考官提问是想了解求职者的具体情况，切不可简单地仅以"是"或"不是"作答，有的需要解释原因，有的则需要说明程度，可以适当举例进行解答。

（5）冷静对待，宠辱不惊。考官中不乏刁钻之人，可能故意挑衅，令人难堪，这不是"不怀好意"，而是一种战术提问，让你不明其意。其用意在于"重创"应试者，考察你的"适应性"和"应变性"，你若反唇相讥，恶语相对，就大错特错了。

（6）要知之为知之，不知为不知。面试中常会遇到一些不熟悉、曾经熟悉现在忘了或根本不懂的问题，面对这种情况，回避问题是失策，牵强附会更是拙劣，诚恳坦率地承认自己的不足之处，反倒会赢得招聘者的信任和好感。

（五）提问技巧

面试过程中，求职者向主考官提问也是必不可少的环节。通过提问的方式进行自我推销是非常有效的，但是提问也应注意方式方法。

（1）提出的问题要视考官的身份而定。如果想了解求职单位的规模、组织架构、主要业务等方面问题，一般可向单位负责人提问。

（2）把握提问的时间。要把不同的问题安排在谈话进程的不同阶段，有的问题可在谈话一开始就提出，有的可以在谈话过程中提出，有的则应放在快结束的时候提出。

（3）注意提问的方式、语气。有些问题，可以直截了当地提出来，如求职单位岗位设置，有些问题，则可以婉转含蓄一些，如工资收入问题。此外，在询问时，一定要注意语气，要给人诚挚、谦逊的感觉，千万不要用质问的语气，以免引起考官的反感。

（4）不提模棱两可、似是而非的问题。特别是涉及职业、专业的问题，要确切，不能不懂装懂。通过提问，考官可以侧面了解提问者的知识水平、思维方式、个人价值观等。

五、面试的难点与应对方法

面试是考核求职者的方式，尽管在面试前求职者会做大量的准备工作，考虑到了每一个可能涉及的问题，但仍有可能出现一些意想不到的情况，若处理不当，会直接影响面试的结果。这里介绍几种面试常见情况及应对方法。

（一）沉着应战，坦白对待

面试过程中，对自己能否胜任岗位和工作能力的申述要充分、肯定，令人信服。对考官提问的反应力求恰当、准确、灵活，力求表现得沉着、自信、充满活力、轻松自如，言谈举止要得体。面试期间，如果你很紧张，应坦白告诉考官。

（二）精神紧张的应对方法

大部分的大学毕业生都承认自己在面试时精神紧张。陌生的环境，被陌生的人提问，且事关自己今后一段时间的发展前途，在这种情况下不可能不紧张。然而，适度的紧张可以促使求职者更加集中注意力投入面试，但如果过度紧张则对于面试是极为有害的，不仅使求职者注意力不集中，甚至可能将事先准备的内容都忘记。

下面的几种方法可以帮助求职者克服过度紧张的情绪。

（1）要做好充分的准备工作。面试时可能很紧张，应事先举办模拟面试，找出可能存在的问题与不足，增强自己的自信心。

（2）能否承受面试结果。应反复告诫自己，不要将一次面试的得失看得太重要，应该知道，自己紧张，竞争对手也会紧张，有可能也会出差错。应克服紧张，大方、镇定、从容地回答每一个问题。

（3）不要急着回答问题。当考官提出问题后，求职者可以考虑之后再回答。在回答问题时，不能语速太快，太快容易导致思维错乱。

（三）遇到不清楚问题的应对方法

如果在面试时，遇到不熟悉或不懂的问题时，可以婉转地请求考官给出相应的提示，切不可胡乱猜测、信口开河。如果确实不懂怎么回答，就应实事求是地告诉考官。

（四）说错话的应对方法

人在紧张时很容易说错话。若讲错的话无关大局、无伤大雅，就不要太在意，继续专心应对下一个提问；若错话比较严重，应该及时道歉，并表达出心中本来要讲的话。

（五）长时间沉默的应对方法

面试时，考官如故意长时间不讲话，造成长时间的沉默，最好的应对办法是利用这一时间，对前面所讲的话题加以补充；或者也可以提出一些对用人单位不了解的问题，还可以利用这部分时间介绍一些有关你个人的详细情况。

（六）几位考官同时提问的应对方法

如果一场面试，几位考官同时提问时，一些经验不足的求职者会任意地选择其中问题之一加以回答，结果自然不能让所有考官都满意。在这种情况下，既要逐一回答，又要显得有礼貌，你可以说："对不起，请让我先回答甲领导的提问，然后再谈乙领导和丙领导的问题，可以吗？"选择的顺序可以根据考官提问的先后顺序而定。

六、面试后的注意事项

（一）礼貌告别

面试结束时，应保持微笑，自然站起，为占用考官的宝贵时间而向对方致谢，并与考官道别。整理好物品，从容地向场外走去，走到门前，转身正面向考官再次表示感谢。

（二）对自己做一个简短概括

当考官发出结束面试的信号后，可以用简短的话总结概括一下本人的情况以及对此次面试的认识。总结要客观，并将面试的成果归功于考官。

（三）保持始终如一的态度

不管面试结果如何，都要保持始终如一的态度，即使考官已经委婉地拒绝了你，你也应表现得较冷静，不卑不亢地离开，给自己一个台阶下，同时也给他人留下一个好的印象。

（四）不要追问面试结果

面试结束时，考官们需要相互沟通一下对求职者的印象，权衡录取名额的限制以及求职者的整体情况才能做出取舍。因此，在面试结束时询问自己能否被录用等问题是毫无意义的，反复追问面试成绩容易造成考官情绪上的抵触与反感，可能弄巧成拙。

（五）做好再冲刺的准备

求职者中肯定会有失败者，如果自己不小心进入了失败者的行列，一定要牢记"胜败乃兵家常事"，千万不要心灰意冷，要及时调整自己的心态，认真分析失败的原因，继续增加自身知识的积累，增强自信心，为下一次的求职做好准备。

思考与练习

谈谈大学生应如何参加求职面试。

第二节　大学生笔试种类与技巧

案例导入

某文化广告公司招聘品牌策划人员，广告设计专业毕业的小艾对该岗位向往已久，看到公司对岗位的描述和要求，小艾心中暗喜，自己不仅专业对口，还有在大公司实习的经验，而且曾在实习期间成功策划过某一大型活动。她深信，只要进入面试环节，就一定能得到公司的认可。小艾为面试做了充分准备，却被告知公司的招聘首先从笔试开始，要想进入面试，笔试必须取得好成绩。为此，小艾研究了该公司业务情况。笔试前，小艾还查找了一些出色的大型活动资料。笔试当天，当看到笔试题目是为某企业举办大型活动写策划方案时，小艾心里长舒了一口气，脑海中立即浮现出各种方案，很快就将自己的策划方案完成了。这一仗小艾打得相当漂亮，一气呵成，取得了笔试第一名。

启示：

俗话说："不打无准备之仗。"笔试是用人单位检验求职者的重要环节，笔试的质量决定用人单位对求职者的第一印象。笔试准备得越充分，取得的成绩就会越好。一些大学毕业生错误地认为笔试是检验基础知识，只要放松心态就能轻松通过。

一、笔试的概述

笔试是用人单位招聘常用的考核方式之一，是一种常见的选拔手段，也是用人单位采用书面形式对求职者综合素质进行的考察和评估。笔试是某些特殊岗位所必须进行的一项测试，用人单位通过笔试可以了解求职者多方面的能力。笔试是相对公平的一种测试方式，因而被越来越多的用人单位所采用。

二、笔试的准备

1. 平时认真学习。良好的笔试成绩来自在校期间的学习和积累。在校期间学生学习的内容不仅是专业课程和基础知识，还应包括对课外知识的学习与积累，以及对社会信息的了解。

2. 进行必要的复习。准备笔试的重要环节就是复习。从考试准备的角度来说，知识可以分为靠记忆掌握和不断运用掌握的知识，用人单位往往重视考核求职者对所学知识的应用能力。一般来说，笔试都有大体的范围，求职者可以围绕这个范围查阅有关的资料，灵活运用所学知识解决实际问题。

3. 保持良好的身心状态。参加笔试需要具备良好的心理素质。求职者在临考前要减轻思想负担，并适当参加一些文体活动，保证充足的睡眠，以保证笔试时有充沛的精力和良好的精神状态。

三、笔试的种类

笔试目的是考核求职者的专业知识水平、文字组织能力及综合素质等。根据考核的方向和内容不同，笔试可以分为专业能力考试、心理测试、技能测验和综合能力测试四种类型。

（一）专业能力考试

专业能力考试主要用于考查求职者的专业知识水平和相关的专业技能，在笔试中占比较重。例如，招聘行政管理、秘书等工作的单位要测试求职者文字能力，公检法（公安局、检察院、法院）机关录用干部要考法律常识等。

（二）心理测试

心理测试是指用事先编制好的标准化量表或问卷，根据完成情况来了解求职者的态度、兴趣、动机、智力、个性等心理素质。

（三）技能测验

技能测验主要考查求职者的动手能力和实践能力，如与专业相关的操作知识、计算机操作能力、英语会话和阅读能力以及法律等方面的能力。

（四）综合能力测试

综合能力测试要求应试者要在规定的时间内对一组数据或一组资料进行分析，找出其合理的地方和存在的问题，并设计出解决问题的方案。综合能力测试主要考查求职者的文字表达能力、逻辑思维能力、分析和解决问题的能力等。

四、笔试的技巧

对于求职者来说，笔试中，如何充分发挥水平，除了平时多积累知识外，还应在考试中运用一些答题技巧，这样有利于提高回答问题的正确率。

（一）先易后难，先简后繁

先看清注意事项、答题要求，再大致看一下试题，了解题目类型，分清题目难易程度，简单的问题放在前面，复杂的问题放在后面。

（二）勤于思考，善于联想

考试中要勤于思考，回忆学过的知识，并进行联想，将有关内容相互联系起来进行比较分析。

（三）掌握题型，答题精细

常见的题型有填空题、判断题、选择题、问答题、写作题等，要掌握每种题型的答题技巧，防止出错。

（四）认真对待，卷面整洁

在答题过程中，要做到卷面字迹整洁，认真的态度往往能提高被录用的可能性。

思考与练习

为了顺利通过笔试，在笔试过程中需要做好哪些准备？

第三节　大学生求职礼仪

案例导入

小玲在应聘某公司前台时，化着浓妆，穿着未能遮住腰部文身的短上衣，头发和指甲也做了很艳丽的颜色。虽然她的专业非常适合这份工作，但最终还是面试失败。小玲过于前卫的妆容给考官一种过于浮躁、不够稳重的感觉。可事实上，在实际生活中，小玲并不是一个浮躁的人，却因为不恰当的仪容，最终错失了这次工作机会。

启示：

成功都不是偶然的，没有谁能随随便便成功。着装打扮、言谈举止、气质风度、文明礼貌等都在影响着你的形象，有时甚至决定着你的前程和命运。由于举止得体，获得了机会，这个机会是工作机会也是学习机会，使你在工作中能得到不断提高。反之，本来很好的机会，可能由于着装打扮、言谈举止的某一个失误，导致面试的失败。

一、求职礼仪的概述

求职礼仪就是求职者在面试时的礼仪，是求职者在面试过程中与考官接触时应具备的礼貌行为和仪表形态规范。求职者通过应聘资料、语言、仪表、仪态和穿着打扮等体现自己。面试时要给考官留下深刻美好的印象，除了外表及谈吐之外，表情和仪态也非常重要。

二、面试礼仪

面试是考官与求职者面对面交谈的双向沟通方式，此时的仪表直接影响面试的结果。

（一）按约定守时，提前到达

一旦和用人单位约好面试时间后，准时到达指定地点是最基本的礼仪。最好提前 5～10 分钟到达面试地点，以表示求职者的诚意，给对方以信任感。同时也可调整自己的心态，做一些简单的仪表准备，以免仓促上阵，手忙脚乱。

（二）敲门进入面试室

进入面试室前应先敲门，即使房间的门是虚掩的也应先敲门，千万不要推门就进，给人鲁莽无礼的感觉。注意敲门不可太用力，也不可未进门时先将头伸进去张望，待对方允许后再轻轻推门而入，然后轻轻将门关好。

（三）主动与考官打招呼

进入面试室后，求职者面临的第一个问题就是与考官打招呼。进入面试室后可对主考官微笑点头，也可进行问候，要有礼貌地告诉考官自己是谁，做到举止大方、态度热情。需要注意的是，面试时不宜主动与考官握手，除非考官先伸手。

（四）微笑待人

面试过程中，一定要注意自己的形象，说话谦和、大方，尊重考官，并且要精神饱满，面带微笑，这样有利于提高面试成功率。

三、仪表端庄

初次与人见面时，首先给人留下印象的是外部形象，也就是服饰外表。得体的服装、恰当的配饰，再加上适宜的发型与妆容，会展示出端庄优美的外貌形象。

（一）妆容适度

在面试时，妆容也很重要。妆容应简洁、大方、淡雅、自然，切不可浓妆艳抹或染夸张的发色。对刚毕业的大学生而言，充满朝气的青春之美是任何化妆品都不能取代的。当然，在此基础上适当加些修饰，增加美感也是可行的。鲜艳的口红、刺眼的指甲颜色、浓烈的香水气味都会使人反感。

（二）发型适宜

发型是仪表的重要方面，求职者应保持头发的清洁，并加以修饰，充分展示自己的生机与活力。发型宜美观大方，要与自己的体型、脸型、年龄、服装及环境等因素相符合。男性不宜留长发和胡须，女性发式不要太新潮、前卫。

（三）服装得体

服装得体是指服装要简洁、大方，求职者的装束应与自己的个性相符合。女性如是一张娃娃脸，应选择颜色深沉的套装，给人一种稳重的印象；如果相貌老成，应选择色调柔和的套装，显得充满活力，以免给对方造成跟不上时代的感觉。

（四）饰物得当

饰物在人的整体装束中很重要，用得好似画龙点睛，使人更加潇洒飘逸；反之，如画蛇添足，会破坏人的整体形象。领带在男性求职者的配饰中占有重要位置，选择领带颜色时要考虑与西装颜色搭配。领带的质地、图案也要与西装颜色和个人的身材、体型协调。

鞋袜方面也要注意，如果是皮鞋要擦干净、刷光亮，鞋带要系好。女性鞋跟不要太高，袜子颜色与上衣颜色接近为好，不要过于鲜亮。另外不要佩戴过多饰品。

四、言谈讲究

面试过程中，求职者直接与招聘者相见面谈。能否掌握面试的言谈艺术，能否准确、灵活、恰当地进行语言表达，是面试能否取得成功的关键。那么，言谈讲究指的是哪些方面呢？

（一）用语礼貌

一个不懂礼貌的人到哪里都不会受欢迎。面试过程中，首先，要多用"您""请"等礼貌用语，注意对方身份，称呼得体，并尽可能注意感情色彩。其次，回答问题时，言语要充满友善和谦逊，这既是对招聘者的尊重，也是个人涵养的表现。有些求职者在面试过程中总喜欢一味地谈"我"。还有些求职者喜欢卖弄专业术语，甚至用外语来表达自己的意思，以显示自己知识渊博，结果适得其反。

（二）语速、语调、语气恰当

言谈的语速、语调、语气能反映出一个人的气质、性格与修养，也影响语言表达的直接效果。面试时，语速要快慢适中。语速太慢，会使招聘者情绪烦躁；语速太快，则对方无法听清语意，会觉得应聘者太紧张或性格急躁，办事不稳。语调也很重要，语调太轻，令人感到过于胆怯，缺乏勇气；语调过重，则会有盛气凌人、武断专横之嫌。语气一定要平和、谦恭，让对方感到你通情达理、坦诚而有人情味，千万不能傲气十足、咄咄逼人。

（三）语言准确简洁

求职者在讲话或表达自己的想法时，一定要善于将语言组织得准确简洁，切忌用模棱两可的话语或模糊性语言，要针对问题，回答干脆。

（四）适度赞美

在面试交谈中，求职者要善于发现对方的优点，真心实意、恰到好处地赞美用人单位，赞美对方，以博得好感、赢得信任。但要注意，毫无诚意的过分赞美有溜须拍马之嫌，会引起对方的反感。

（五）机敏巧妙

面试过程中，应聘者在与招聘者交流过程中遇到难以回答的棘手问题，尤其是碰到"另类"的问题时，如果应答得机敏巧妙，不但能展现出自身的广博学识和敏捷思维，而且常常能够创造出一种融洽的氛围，推动面试和谐、顺畅地进行下去。

（六）策略技巧

求职需要策略，也需要技巧。工资、奖金、福利待遇是求职者普遍考虑的重要问题，面试时不可不谈，但要讲究策略技巧。一般不宜主动提出工资待遇、职位升迁等问题。当谈话进行一段时间后，对方如果满意，自然会谈及此事。此时可乘机询问，但不宜直来直去。例如，使用"贵公司的工资制度与其他单位有何不同""有关工资福利等待遇，学校要求我们填表上报，能否请您介绍一下情况"等委婉用语更为合适。如果对方直接问求职者对工资的要求，千万不要不假思索、斩钉截铁地报出一个数字，这会让人"不寒而栗"。如果用人单位心理价位低于这个数字，便会马上放弃同求职者进一步深谈的可能。因此可以先做出思考的样子，然后不慌不忙地回答：听别人说这个职位的行情大概是……这种模糊语言可以有效地保护自己，因为无论答对或答错，都是源自"道听途说"，而非本人的想法。

五、举止恰当

有专家认为，在人际交往中，约有 80% 的信息是借助举止这种无声的"第二语言"来传达的。它虽无声，却能产生胜有声的力量。

（一）仪态要求

面试时，即使再紧张，也要振作精神，面露微笑。不管怎样为难、失望、受挫、生气或无聊，都不要形于色；不要皱眉头，抓耳挠腮，垂头丧气，怒视对方，打哈欠，与人随意攀谈或四处乱打量。无论面试是否成功，保持镇定从容、自然大方是一个人应有的良好教养和行为，要时刻注意自己良好的仪态表情。

（二）举止要求

面试时一定要避免因为拖拉椅子而发出噪声；不要一屁股坐在椅子上；坐在椅子上时不要含胸驼背，耷拉着肩膀；更不要半躺半坐，或坐在椅子上腿脚不自觉地晃动；男士不跷二郎腿，女士不分开双腿。面试时，最好等接见者请你就座时再在指定位置坐下，并注意神态和坐姿的优美；起来时应面对对方轻缓起身。如果对方忘了请你入座，你也可以客气地问一句："我可以坐下来吗？"这种礼貌的言语同样也会给人留下深刻印象。若是站着面试，不要站的离主考官太近，两手不要叉腰或抱肩，也不要将双手插入口袋或交握在背后，否则会给人一种轻慢或拘谨之感。

面试时不要抽烟，也不要把烟递给别人。接送名片或茶杯等物时，要起身双手递接。在跟人握手时，要注意姿态、时间以及伸手的先后顺序等问题，不要矫揉造作、缩手缩脚或拘谨呆板，要充分展示出自己的礼貌、谦恭和热情。

当考官与你面谈的时候，要做到谈吐自然、礼貌、简洁、规范，讲话时的态度也要自信谦虚，而不能过分谦卑，说起话来唯唯诺诺，对人只会点头称是或不置可否的人，多半会被用人单位拒之门外。

六、面试后需要注意的礼仪

面试结束并不意味着求职过程的完结。许多求职者只注意面试时的礼仪，却忽略了面试后等待的日子里需要完成的礼节性步骤。而这些步骤往往能加深招聘单位或主考人员对求职者的印象。以下是面试后应该注意的礼仪事宜。

（一）及时表示感谢

为了加深招聘主考人员对自己的印象，面试后的两天内最好能给招聘主考人员打个电话或写封电子邮件以表达谢意。因为，这不仅是礼貌之举，也会使招聘主考人员在做决定时对自己留有印象，增加求职成功的可能性。但感谢内容必须简短，电话感谢最好不要超过3分钟，感谢信也不要超过一页。问候后要及时报上姓名，提及面试时间，并对招聘主考人员表示感谢。如可能的话，可再次表明自己对招聘单位和应聘岗位的兴趣，补充些对求职成功有用的材料，尽量修正面试时可能留下的不良印象，并重申加入的诚意和愿望。

（二）不可贸然打听面试结果

一般情况下，面试结束后招聘单位都要进入讨论、投票、送人事部门汇总、最后确定录用人选等正常程序。求职者不可贸然地打电话询问面试情况，但可以通过发送感谢信的方式再次加深用人单位对自己的印象。若是一周内没有接到任何回信，此时，可以给用人单位打电话询问面试结果，以表示你对这个工作的兴趣和热情，同时也能从用人单位的语气中推测面试结果。

思考与练习

求职时如何注意礼仪才能赢得考官的青睐？

第六章 大学生职业适应

思政目标

- 既要学会独立，又要学会团队合作。
- 既要仰望星空（切合实际的职业期待），又要脚踏实地（职业适应）。

学习目标

- 理解角色转换的重要性。
- 能正确处理职业适应过程中出现的各类问题。

职业适应又称工作适应，是指人在职业活动中，面对工作中的各种问题时的一系列心理过程，主要是指个体对工作环境、工作任务以及对自身行为和新工作的适应。大学生职业适应则是指大学生从学生角色到职业人角色的转变过程中，主动调节自己的行为以便适应环境变化，使自己达到所从事职业的要求，并顺利完成各项工作。

第一节 角色适应

案例导入

小A是个90后，刚进公司时，同事们都十分热情友善、乐意帮助她，气氛一度十分融洽，小A每天都工作得很舒心。然而，时间一长，小A渐渐发现大家不再喜欢亲近和照顾自己，连一开始对她照顾有加的同事都逐渐疏远自己。小A觉得自己是个不受欢迎、不被关注的人，只想尽快离开公司。

启示：

通常，刚入行的大学生在起步阶段都会受到周边人的关注与呵护，但经过一段时间后，如果还不能很好地融入这种合作平等关系的角色，就很容易被边缘化，或是作为辅助的角色存在于这种关系中。即便换了公司也避免不了类似的情况。

小A是90后，入校前受到家人如众星捧月般的照顾，入校后同时受到学校和家庭的关爱，进入社会后面对的却是同事间的平等合作关系，而且这种平等合作关系建立在其性格或能力等方面能否与之合作的基础上。从过去被宠爱、被照顾的角色转变成支持、配合他人的角色，造成的心理落差可想而知。但是如果小A能清晰地认识到这种心理落差的存在，及时调整对自我角色的认知，并且努力让自己充实起来，进入合作伙伴的角色关系中，就一定能顺利完成角色转换，逐步适应职场环境。

一、从大学生到职业人的角色转换

角色适应是职业适应中极其重要的一环。只要是社会成员，都会在社会上承担某种社会角色。社会角色理论认为，社会角色是指与人们的某种社会地位、身份相一致的一整套权利、义务的规范与行为模式。它是人们对具有特定地位的人的行为的一种期望，是社会群体的基础；它随着社会实践的发展而不断更新，反映了每个人在社会中的地位和在人际关系中的位置，代表了每个人的身份。从某种意义上说，个体人际关系的适应，就是角色适应，更进一步说，就是对角色转换的适应。

每个人扮演的主要角色不同，是由其承担角色的主要任务决定的。通常一个人会经常变换自己的角色，比如从家庭到职场，就要从家庭成员角色转换为职业人角色。类似这样经常性地由上级到下级、由领导到子女、由学生到老师、由主人到客人等变换即为角色转换。角色转换又叫角色过渡，简单地说，就是新旧角色的转换、更替。角色转换意味着个体需要摆脱前一种角色行为模式和心理特点的影响而发展另一种角色所需要的一整套的行为模式和心理特点，调整状态进入新的角色，以期更好地实现新角色所赋予的任务。

实践表明，凡从学生到职业人的角色转换比较快的人，容易更早地获得单位的认可，更快地寻找到新的起点，也就更能享受到事业成功和生活幸福的喜悦。因此，大学生应正确面对学校和职场、学生和职业人的差别，正确处理职场中遇到的各种问题，克服各种心理障碍，培养良好的职业适应能力，争取早日迈出成功的一步。

（一）学校和职场的差别

大学毕业生要想尽快实现从大学生角色到职业人角色的转变，首先必须了解学校和职场的不同之处，两者的主要区别在于：学校是一种经过加工的秩序化的环境。学校教育的目的是为国家和社会培养人才，学生的主要任务是掌握更多的科学本领，同学之间的感情非常纯洁，一般不存在利益冲突。职场则是一种自然的、未经设计的环境。职场生活主要靠个人去探索和奋斗，职业人要结合自己的实际情况，自行设计自己的职业生涯和奋斗目标。职场生活与学校生活相比，还需要制度、责任感和职业道德的约束。此外，在职场生活环境中，职位的升迁、工资、资金的发放、住房的分配等都与个人的利益相关，所以，同事之间的关系比较微妙和复杂。

(二) 大学生和职业人的差别

1. 主要责任不同

大学生的主要责任是学好科学文化知识，掌握社会生活的基本技能，逐步完善自己，以便将来为社会服务，实现自己的人生价值。而职业人的主要责任是用自己所掌握的知识，通过具体的工作为社会做贡献，以自己的行为来承担起社会职责。

大学生责任的履行主要关系到大学生本人所掌握的知识水平和专业能力，在学习过程中往往具有一定的容错性，即学校大力支持和鼓励学生在实践过程中积极探索创新，哪怕失败或走弯路都不会影响学生完成学业。而职业人责任的履行则不仅关系到个人价值的实现，而且关系到单位、行业的声誉，在职场中必须为自己的不当行为承担后果。例如，一名销售人员如果业务水平精湛、综合素质高，具有百折不挠的毅力，并取得良好业绩，不仅能成为行业的标杆，而且能为所在公司带来良好的声誉。反之，如果销售人员业务水平和素质低下，用骚扰和威胁客户、打击同行等卑劣手段获取"业绩"，人们就会从职业道德的角度加以责备，甚至追究其法律责任，其行为不仅对个人有害，而且有损所在公司和销售行业的形象。

2. 社会权利不同

大学生的权利是依法接受教育，并取得家庭或社会的经济资助，每天可以自行安排除上课以外的时间，做自己想做的事情，生活学习氛围较为轻松。而职业人的权利则是在开展工作的过程中依法行使职权，并在履行义务的同时获得报酬及其他相应的社会福利待遇，自己能够自由支配的时间较少，因此常常会感到压力较大。

3. 社会规范不同

对大学生的社会规范要求主要是从教育和培养的角度出发，如通过学籍管理条例、学生生活管理条例等规章制度，对学生的学习和生活作出相应的要求，从而使其健康成长为社会主义合格的建设者和接班人。社会对职业人行为模式的规范则因为职业的不同而有所差异，往往既具体又严格，一旦违背就必须承担相应的后果，甚至被追究法律责任。比如，行政管理人员必须忠于职守、克己奉公，如果玩忽职守、中饱私囊，就会受到法规法纪的惩处。

4. 认识社会的方式不同

大学生作为受教育者，认识社会的方式以学习理论知识为主、实践为辅，对社会的了解大多来自书本、课堂和网络等，认识的内容多是间接的与理论化的。因此，多数大学生对社会与自己的未来有着浪漫主义式的期待。而职业人认识社会的方式以亲身实践为主、理论知识为辅，通过工作中的实际操作或生活中的切身体验来加深对社会的认识与了解，认识的内容通常是直接的与具体的，带有鲜明的现实主义色彩。

5. 独立性不同

大学生转换为职业人身份后，独立性要求也相应提高。在大学时期，大学生在经济上主要依靠家庭或社会资助，生活上依赖家长的关心和照顾，学业上接受老师的指导。而职业人在经济上逐步走向独立，工作上被要求能够独当一面，生活上需要自己照顾自己。

6. 人际关系复杂程度不同

大学生主要的活动范围在校园中，大部分时间都是与学校里的老师、同学、工作人员打交道，人际圈子较小。虽然大学生在学校里免不了要参与各类竞争，但是这些竞争的本质是为了促进学习和提升能力，并不会影响大学生的核心利益，因此大学生的人际关系总体来说较为简单与单纯。而在职场中，尤其是在销售和服务行业，职业人每天都要与不同的客户接触。职场里的竞争直接与职业人的个人利益挂钩，关系到利益的分配，因此职业人的人际关系是较为复杂的。

大学生在刚步入职场时，可能会因为学生与职业人的角色差异而产生不适应感，这都是很正常的。大学生需要了解并认识这其中的差异，尽快实现角色转变，争取早日适应职场生活。

二、大学生完成角色转换的方法

一个人的角色转换过程既是重新认识自己、认识他人、认识社会的过程，也是通过自己所承担的角色，让他人和社会了解自己的过程。由学生角色向职业人角色的转换过程，正是大学生从青涩走向成熟的过程。大学生能否成功完成角色转换是事业起步的关键，如果不能尽早完成角色转换，在工作中必然会遇到诸多问题，直接影响未来的成长与发展。大学生要顺利完成角色转换，需要做到以下几点。

（一）学会独立，尽快做好角色定位

大学生走上工作岗位以后，要认清自己在新环境中的位置和承担的工作角色，明确该角色的性质、职责范围和承担的义务，这是顺利度过新角色适应期的重要一步。

大学生要在工作中不断挑战自我，主动接受新的工作任务来锻炼自己，在工作中勤于思考，逐步形成自己的见解和看法，培养独立工作的能力、心理承受能力以及应对挫折的能力等。只有这样，大学生才能在职业生涯中节节攀升，并最终取得事业的成功。大学生如果到新单位后还意识不到职业人角色与学生角色的差异，依然我行我素，迟迟适应不了新角色，就会加大与新角色的距离，造成对新环境的严重不适应。

（二）虚心学习，在实践中增长才干

刚步入工作岗位的大学生，不能还停留在大学期间轻松、自由的状态，要尽快全身心投入新环境中。一切有经验的领导和同事都是很好的老师。他们在岗位上工作多年，具有丰富的专业知识和实践经验，成为职业人的大学生，只要肯虚心请教，一定会学到很多有用的东

西，而这些都是将来获得更好的发展、做出更好成绩的资本。

不少大学生工作几个月还不能安心本职工作，这对实现角色转换是十分不利的。吃苦耐劳是角色转换的重要条件之一。大学生只有勤奋、肯吃苦才能很快适应环境，及时进入工作角色，成为有能力、肯担当的职业人。

（三）加强协作，增强人际交往能力

建立良好的人际关系对于个人未来的事业发展至关重要。好的人际关系可以帮助个人在事业上取得成功，更好地实现人生价值；糟糕的人际关系则会使人陷入孤立、被动的境地。大学生进入职场后，要主动与人交往，建立自己的人际关系网，增强与他人的交流、协作能力，以便尽快融入职场，全力投入事业发展。

（四）防微杜渐，尽量避免工作失误

刚步入职场的大学生，要抱着精益求精的态度，尽可能避免工作失误，不给企业和团队制造麻烦，以免给领导留下工作能力不足的坏印象。要想有效避免工作失误，大学生必须做好以下几项工作。

1. 努力提升自身的工作能力

社会需要的是含金量高的人才，平庸之辈很难有自己的立足之地。对于大学生来说，初涉职场，最需要的是经验的积累，要承认初入职场的自己就是一个职场小白，面对专业平台，必须扎扎实实一步一个脚印去学习、实践，不要放过任何一个提升自己的机会。所以，身在职场，一定要持之以恒地坚持理论和实践学习，坚持查漏补缺，提高自身的含金量和竞争优势，努力向一个合格的职业人迈进。

2. 多向有经验的同事、领导、前辈请教

不要因为学历比同事高就看不起他们，也不要因为学历比同事低就轻视自己。当在个人能力范围内确实无法解决问题、完成任务时，一定要舍得放下所谓的"面子"，及时虚心求教，哪怕遭受冷眼也是暂时的，那些最终学到的东西定会使自己终身受益。

3. 严格按照单位制度办事，遵循相关流程

每个单位都有自己的规章制度，这些制度和流程都是单位长期以来形成的行之有效的成果，有些内容是无论在哪个单位都必须遵守的，比如不迟到、不早退、办公时间不打私人电话、不以公谋私，等等。也许没有人因你早下班10分钟而指责你，但老板的眼睛是雪亮的，如果在这种小事上栽跟头，可真是得不偿失。要时刻牢记并提醒自己不要违反单位的规章制度，更不要想当然地挑战它们，有疑惑可以向上级领导请示，谨记"三思而后行"。

4. 不要轻视或忽视细节

俗话说"细节决定成败"，工作中各项流程都是环环相扣的，有时某个小环节没做好甚至

有可能导致全线停工或出现重大事故，造成巨大损失。所以要谨慎小心地对待每一项工作任务，努力让自己的各项操作规范、标准。

总之，从校园环境到职场环境，必定会面临很多复杂的、难以把握的状况，刚走出校门的大学生或许受阅历所限，应对能力还不够，但害怕和逃避是没有用的，一定要想方设法尽快完成从大学生到职业人的角色转换。

三、大学生如何培养适应职场的能力

大学生要想顺利适应职场，不能完全指望进入职场后再根据环境被动调整，必须提前掌握一些适应职场的基本能力。也就是说，大学生在校期间就要主动培养和锻炼自己的职场能力，以便尽快适应即将到来的职场生涯。

（一）主动参与各类实践活动

大学生主动参与各类实践活动，能将理论与实践相结合，培养锻炼自身才干、增强服务社会意识，更有助于更新观念，树立正确的世界观、人生观、价值观。参与各类实践活动的渠道有很多，如在校内担任学生干部，为同学服务，也可到校外积极参加社会实践，主动承担社会责任，在参与中增强适应职场的能力。

（二）直面现实生活中的问题

大学也是一个小型社会，虽然相对单纯，但比中学时期还是要复杂得多。大学生不能因为不习惯学校生活或是看不惯某些现象而对现实生活心存抵触，甚至回避现实，把自己"宅"起来，而应主动接触现实生活，敢于直面问题和挑战。当个人需要与社会现实发生矛盾时，要充分发挥主观能动性，积极妥善地处理环境与自身的关系，创造条件使自己始终处于有利的环境中。如果改变不了环境，就改变自己，主动跟优秀的人接触，找到提升自己的途径。

（三）正确运用心理防御方法

大学生在改造环境或是改变自己的过程中，常常会遇到各种困惑或烦恼，要想摆脱它们对内心的干扰，有必要学会正确运用一些积极的心理防御方法。常见的积极心理防御方法有以下几种。

1. 转移/移置

转移/移置是指将对某个对象的情感、欲望或态度转移到另一较为安全的对象上，而后者完全成为前者的替代物。转移是一种初始过程，是升华、象征化的基础。如失去好朋友后，把情感转移到和那位好朋友长得很像的同学身上；膝下无子的父母，将全部心力转移到关爱养子养女上。"爱屋及乌""不看僧面看佛面"等，都是转移的体现。

2. 积极性的补偿

积极性的补偿是指以合适的方法来弥补其缺陷。如一个相貌平庸的学生，致力于学问上的追求，而赢得他人的尊重；一些残障人士通过非凡的努力，克服自身的缺陷，成为某个行业的精英。"失之东隅，收之桑榆"的含义也是对积极性的补偿的诠释。

3. 内摄/摄入

内摄/摄入也称内向投射、内投射、内投，是指把客体或者客体的一部分包含为主体的自我的过程。由于摄入作用，有时候人们爱和恨的对象被象征地变成了自我的组成部分。如某个人对勤奋用功的同学产生某种特别的情感，却没机会表达，于是暗地里开始比他（她）更用功；有些孩子离开父母时，会模仿父母的特点，使父母的举动或喜好在自己身上出现，以慰藉分离焦虑。古语"近朱者赤，近墨者黑"也是这个机制的体现。

（四）自觉培养为人处事能力

人处在社会中，免不了要与各种人打交道，要处理各类事务，所以，为人处事能力是我们终身要学习的一项本领。这项本领需要虚心向他人学习，但光靠别人教是学不会的，还需要自己慢慢在实践中摸索，经常积累、回顾、反思、总结，继而形成自己的为人处事风格。

（五）始终重视加强体育锻炼

近年来，关于年轻人在工作岗位猝死的新闻频发，其中不乏与广大青年人缺少锻炼有密切关系。良好的身体素质是工作进步的基础，没有一副好身体，工作就无从谈起。因此，大学生要意识到身体的重要性，始终重视加强体育锻炼，养成良好的运动习惯，为将来走进职场打下扎实的身体基础。

思考与练习

结合所学知识，对比自己与"职业人"之间的差距，谈谈自己该如何有针对性地完成大学生到职业人的角色转换。

第二节 职 业 适 应

案例导入

小 L 是某高职院校毕业生，刚入职一家企业时，小 L 谨记长辈虚心求教的提醒，一遇到问题就主动向领导、同事咨询。大家都觉得小 L 学习态度很不错，便十分热情地回应他的询问，领导也常常在开会时当众表扬小 L 的勤学好问。但时间一久，大家对小 L 随便遇到一点小问题就找人询问的举动越来越反感，同事们开始回避或以忙为由不理会他。小 L 感到十分茫然，多向前辈请教难道不对吗？

启示：

刚入职的新人，面对全然陌生的环境、公司制度和工作流程，多向前辈请教自然是没错的。但凡事都讲究一个"度"。小L刚入职时，同事们会因为小L是个职场新人而多加关照，不厌其烦地回应他。但经过一段适应期后，小L没有学会主动思考并努力自己解决问题，仍然像职场"巨婴"般事无巨细缠着别人要答案，显然过"度"了，无怪乎会招致众人的反感。小L的教训在于没能及时觉察自己的职业人身份，仍然沿袭学生时代的被动思维，不懂得独立思考、主动作为，并随时用职业人的身份来提醒和约束自己，因而造成了事事依赖他人的被动局面。那么，如何才能变被动为主动，顺利适应职场呢？下面，就让我们一起来了解关于职业适应的相关知识，相信细心的你一定能从中找到需要的答案。

一、职业适应的主要内容

职业适应涉及许多方面，如从生理到心理的适应、从职业岗位到社会生活的适应，主要包括以下五个方面。

（一）心理适应

心理适应包括观念和意识的适应，如树立竞争观念、协作观念，也包括认知适应、角色适应、情感态度适应、意志适应、个性适应等。

（二）生理适应

生理适应包括对工作时间、劳动强度以及紧张程度的适应等。由于一些工作需要三班倒或加班，有些毕业生不能很快适应，出现头晕、头痛等现象，只要注意休息，及时调整作息时间，应该还是能够处理好的。

（三）岗位适应

岗位适应是指对职业岗位的性质和特点的适应、对岗位要求（包括劳动制度、岗位规范）的适应等。

（四）智能适应

智能适应是指对工作岗位所需的知识、能力的适应。

知识适应包括文化知识、专业知识、职业安全知识、职业卫生知识、职业道德知识的适应等。

能力适应包括专业技术能力适应和一般工作能力适应两方面。专业技术能力主要是指从事某一职业的专业能力，与职业岗位的联系最为直接，如操作能力。一般工作能力又称基本工作能力，通常是指在各种工作中都必须具备的能力，主要包括获取信息的能力，分析问题、解决问题的能力，决策能力，创新能力，组织、经营、管理能力，独立工作能力，应变能力，竞争能力等。

（五）人际关系的适应

人际关系的适应是指能处理好与同事、上级领导等方面的关系。在新的环境中，有些毕业生由于性格等方面的原因，能很快与同事和领导形成融洽的关系，并能找到自己的角色定位；而对于一些平时就比较内向或不善沟通的毕业生来说，在人际关系的互动上就会出现暂时的不适应，可能需要花费较长的时间才能取得同事的认同。

二、影响大学生职业适应的因素

人在与职业相适应的过程中居于主体地位，人与职业只有在不断磨合的过程中才能达到和谐与统一。对于大学生来说，要明白哪些因素导致自己在磨合中出现问题，然后对症下药，积极地解决问题，以便快速适应职业与职场。影响大学生职业适应的因素如下。

（一）职业期望

职业期望又称职业意向，是劳动者对某项职业的向往，也就是希望自己从事某项职业的态度倾向。职业期望直接影响人对职业的选择，并进而影响人的生活。

职业期望属于个性倾向性的范畴，是职业价值观的外化，也是个体人生观、世界观的折射。每种职业都有其特性，不同人对职业特性可能有不同的评价和取向，这就是所谓的职业价值观。当代大学生的职业观是以个人发展为目标，以经济利益为导向，以相对先进的地区选择为保障，带有明显的功利色彩。

据调查，大多数高职学生在就业单位选择上存在着较高的预期。他们大多数都希望能找到体面的、工作环境好的工作单位，愿意选择小型企业的很少。近几年，在新冠疫情冲击下，中小企业的生存和发展面临巨大挑战，这也坚定了许多人对机关、事业单位和大型企业的向往。在月薪期待上，多数高职毕业生对月薪的期望值也远远超出实际收入。显然，这种就业预期对于刚毕业的大学生来说过于理想化。

（二）工作态度

工作态度是对工作所持有的评价与行为倾向，包括工作的认真度、责任度、努力程度等。一般来说，积极的工作态度及行为对工作的知觉、判断和忍耐力等都能发挥积极的影响，因而能提高工作效率，取得良好的工作业绩。一个工作态度非常积极的员工，无论他从事什么工作，他都会把工作当成一项神圣的职责，并怀着浓厚的兴趣把它做好。而一个态度消极甚至心理扭曲的员工，只会把工作当成累赘和负担，像对待仇敌一样非理性地对待工作。

总之，个人工作态度决定个人工作业绩。有效的工作态度往往具有以下共性。

1. 踏实认真，坚持到底

简单的事情重复做，你就是专家；重复的事情用心做，你就是赢家。据说，每个人从零开始到成为一个领域的专家，需要 7 年的时间。因此，要想在某个领域取得成功，就必须专注于自己所处的领域并坚持到底。因为人的精力是有限的，唯有保持专注，才能超越别人，并取得持久而非凡的成就。这种保持专注的人，就是用自己的目标来引导、管理和推动自己职场生涯的人。

2. 情绪察觉，自我控制

大学生应当时时提醒自己注意"我现在的情绪怎么样"。例如，当你因为朋友约会迟到而对他冷言冷语，问问自己："我为什么这么做？我现在有什么感觉？"如果你察觉自己已经对朋友三番五次的迟到感到生气时，你就可以对自己的生气情绪进行管理。学着体察自己的情绪，是情绪管理的第一步。第二步是要学会自我控制。自我控制是对自我行为进行判断后实施的理性行为，这种理性的判断和执行就构成自我控制力。自我控制表现为凡事先经大脑分析，作出明确判断之后再对现状进行处理。

3. 充满自信，承担责任

自信和责任感是优秀员工必备的素质，在任何一个单位，自信和责任感都是员工生存的根基。

4. 积极适应，努力创新

心理应激理论认为，危机是一种催化剂，可以打破原有的定式或习惯，寻求新的解决问题的方法。只要积极去适应和创新，就能增强抗挫折的能力，从而提高适应环境的能力。积极的适应是一种健康的适应，包含两层含义，一是改变自己，顺应环境或顺应环境中的某些变革；二是不断地抗争和选择，以积极的态度提高自己各方面的能力，从一个目标走向另一个目标。消极的适应是一种不健康的适应，它以牺牲发展为代价，长期以来的"逆来顺受"往往会导致精神疾病。在困难和危机面前，大学生要学会积极去适应和创新。

5. 阳光心态，积极进取

生命需要阳光，其实心态更需要阳光。阳光心态是一种积极、宽容、感恩、乐观和自信的心智模式。有阳光心态，还要有进取心。进取心是指不满足于现状，坚持不懈地向新的目标追求的蓬勃向上的心理状态。人类如果没有进取心，社会就会永远停留在一个水平上，正如鲁迅先生所说："不满是向上的车轮。""社会之所以能够不断发展进步，一个重要的推动力量，就是我们拥有这只'向上的车轮'，即我们常说的进取之心。"

(三) 职业兴趣

职业兴趣是一个人探究某种职业或从事某种职业活动所表现出来的特殊个性倾向，它使个人对某种职业给予优先的注意，并具有向往的情感。职业兴趣不同于日常生活中的兴趣爱好，它们所指的对象不同。兴趣的对象指向某种事物，职业兴趣的对象则指向某一职业。

影响职业兴趣的因素主要有家庭环境、社会舆论、受教育程度和职业需求等。在就业前，认识的职业种类越多，对职业的性质了解得越细致，你的职业兴趣就会越广泛，择业余地也越大。寻找兴趣点最好的方法是开阔自己的视野，接触众多的领域，学会在理想与现实之间找到自己的平衡点。职业兴趣是可以培养的，当就业环境和自身素质决定你必须做自己不喜欢的工作时，就应该拿出对社会负责的态度，培养自己的职业兴趣。不少职业，刚开始从事它的时候，你可能对它毫无兴趣，但是随着深入了解、从业时间的增长和职业技能的提高，你的兴趣会大大增加。

（四）人际关系

人际关系指人与人之间一切直接或间接的相互作用，是人与人之间通过动态的相互作用形成的情感联系，是通过交往形成的心理关系。人的成长、发展、成功、幸福都与人际关系密切相关。对任何人而言，正常的人际交往和良好的人际关系都是其心理正常发展、个性保持健康和生活具有幸福感的必要前提。

良好的人际关系的发展一般要经过四个阶段：定向阶段、情感探索阶段、情感交流阶段和稳定交往阶段。建立良好的人际关系，是一个人事业成功的基础。大学生可以通过一些实用方法帮助自己建立起良好的人际关系，比如，塑造良好的个人形象，培养主动交往的态度，善用倾听、自我表露、适当批评与接纳被批评、换位思考等交际技巧，等等。

除以上因素外，性格、就业准备程度等也会对大学生职业适应产生影响。

三、大学生职业适应期的特征

一般来说，职业适应期因大学生个人的主客观条件和职业适应能力的不同而存在差异，但总体来说，都会经历以下四个不同的时期。

（一）兴奋好奇期

从学校走向社会的初期是兴奋好奇期。这一时期，大学生都异常兴奋和激动，对新环境充满新鲜感和好奇心。他们渴望全面了解工作岗位的性质和特点、薪资待遇、发展前景等，希望能在工作岗位上大显身手，实现自己的理想和抱负。

（二）矛盾冲突期

随着时间的流逝，大学生刚刚步入工作岗位时的兴奋与激动逐渐消失，随之而来的是矛盾和冲突。矛盾和冲突主要表现在以下几个方面。

1. 学校和职场的矛盾

在学校，大学生所接触的人和事都相对简单、单纯，虽然也有矛盾和冲突，但这远远不如职场环境中的矛盾和冲突来得激烈。

2. 理想与现实的矛盾

青年人富有理想，对工作和生活踌躇满志，充满了美好的向往。但是，当他们真正走上工作岗位，处在复杂的职场环境中时，才深切感受到理想与现实的差距，因而容易出现一系列的负面情绪，如彷徨、苦闷、失望等。

3．学业成绩与职业能力的矛盾

有的大学生在校时成绩优异，各方面表现都很好，时常受到老师和同学的赞扬。但走向社会后，原有的优越感消失了，一旦受到批评和指责，尤其是在职业能力低下、操作不熟练的情况下，其自尊心、自信心就会受到伤害。

4．学生角色和职业角色的矛盾

大学生所扮演的学生角色相对单纯且难度较小，但职场人士在工作岗位上所扮演的职业角色则要复杂和困难得多。

（三）调整平衡期

经过一系列矛盾与冲突后，大学生开始立足现实，思考所遇到的问题，并探索今后的职业之路。大学生在调整平衡期主要表现出以下四种状况：

1．一些大学生会选择放弃原来的幻想和过高的期望，重新确立比较可靠的职业目标。

2．一些大学生开始进行自我调整，如改变处事态度、协调人际环境、学会释放工作压力等。

3．一些大学生在全方位调适自己的同时，还着手寻找事业发展的新突破口，适时调整职业方向，重新选择新的工作岗位。

4．一些大学生经过矛盾冲突期后，变得意志消沉，或逃避现实，或怨天尤人，心理开始变得消极。

（四）稳定发展期

在这个时期，大学生逐步适应了自己所处的职业环境，基本完成了从学生角色向职业角色的转变，且职业理想、职业兴趣也已经形成并逐步稳定，开始适应周围的人际环境，并且能主动融入环境，成为新集体的一员。

四、大学生职业适应的方法

职业适应能力并非与生俱来，它需要个人天赋，更需要经过磨炼和学习所获取的经验。每个人的性格特点都有其独特的优势与缺陷，在职场中，外向型并非一定好于内向型。职场新人需要不断修炼自己的个性，力求利用性格优势为职场竞争加分。更为关键的是，大学生要在实际工作岗位上讲究学习和工作方法，不断提升自我，逐步适应新的工作环境。

（一）勇于尝试，主动适应环境

大学生上岗初始阶段，一定要充分认清自己的角色性质、位置、职责范围，明确自己的工作内容、工作特点及社会对这一角色的期望，以便明确怎样去做、做些什么等问题。

用人单位通常会对新员工进行培训。除此以外，大学生还可以通过主动向老员工请教、了解单位有关规定和岗位职责规范等方式，尽快熟悉自己的职业角色。

大学生走上工作岗位后，要积极进行自我调整，尽快适应新的工作环境。大学生要在竞争中生存、发展，从而实现自己的人生价值，具体来说，可以通过以下常用方法适应新环境。

1. 按时上下班。
2. 积极参与工作。
3. 立足现实，增强独立意识。
4. 主动勤快，眼里有工作。
5. 安心做好本职工作。
6. 勤学好问，虚心请教。
7. 树立良好的第一印象。

（二）认清现实，做好心理准备

毕业前，大学生应该开始思考和认清自己将来打算扮演的社会角色，规划未来的职业，逐渐形成自己的思想意识和世界观。在行动上，大学生要培养独立的意志，慢慢确认自己独立的身份，逐渐决定自己应该做什么和怎样去做，学会思考职业前景与所从事职业的关系，为将来的发展做准备。刚参加工作的大学生，对岗位的工作性质只有一般性的了解。一般情况下，公司或部门负责人会向新员工介绍一些注意事项和与工作岗位相关的安全条例等，有时还会进行有针对性的培训，使新员工较快地进入角色，更多地了解所在部门的工作性质和岗位职责。尽管如此，大学生初次参加工作时也必须做好充分的心理准备，这样才能在面对各种复杂情况与可能发生的问题时，使自己处于主动地位。

因此，大学生应做好以下几个方面的准备工作。

1. 克服依赖性，增强主动性。
2. 提高职业道德，增强职业责任感和义务感。
3. 敢于面对困难，具有克服困难和正确对待挫折的勇气。
4. 勇敢面对每一种考验。
5. 正确对待每一次选择。
6. 制订切实有效的职业生涯规划。
7. 克服性格上的缺点。
8. 合理调适情绪。

（三）敬业乐业，深挖专业领域

人与人之间的智力通常相差不大，工作成效的高低往往取决于个人对工作的态度。工作积极主动、做事不计较大小、从不为自己找借口、敬业乐业、责任感强的人在职场中是最受欢迎的，而那些动辄跳槽、耐心不足、不虚心、办事不踏实的人，则是在职场中最不受欢迎的。

现代社会分工越来越细，各行各业所需知识越来越专业而且精深，因此，掌握较高专业知识水平已成为在职场上招聘人才时重点考虑的问题。同时，现代职场面临诸多变化，只有抢先发现机遇，确切掌握时效，妥善应对各种局面，才能立于不败之地。

（四）淡化小我，树立合作意识

随着经济全球化程度的加深和市场竞争的加剧，现代职场越来越强调团队合作意识。大学生要想在工作中获得成功，就应充分运用人力资源，淡化个人意识，树立团队合作意识，从而快速融入职场，实现从学生到职场人士的角色转变。

团队合作意识通常是大局意识、协作精神和服务精神的集中体现，团队合作意识的基础是尊重个人的兴趣和成就。其核心是团队成员之间的协同合作，最高境界是全体成员能心往一处想，劲往一处使。团队合作意识反映的是个体利益和整体利益的统一，进而保证组织的高效运转。

1. 树立团队合作意识的必要性

当今社会，一个人再优秀、再杰出，如果仅凭个人的力量也难以取得事业上的成功，凡是取得事业成功的人，必定要具有团队合作意识。大学生作为未来社会的中坚力量，要完成从学生到职场人士的角色转变，就需要淡化个人意识，建立成熟的团队合作意识。不可否认，受特定的社会环境和家庭环境的影响，部分大学生在工作中表现出较强烈的自我情绪，不喜欢参与团队活动，对团队合作表现出抵触心理，在团队合作的过程中也缺少和别人交流的能动性。所以大学生就业后需要克服自身不利因素，积极地融入团队，处理好与同事和上级领导的关系，对自身的性格和能力进行新的塑造与培养，适应团队中人与人之间的新关系。

2. 培养团队合作意识的方法

传统学校教育重视文化课程，更注重培养学生的个人能力，容易忽视对学生团队合作意识的培养。大学生参加工作后，需要正确处理与领导、同事的关系，多参加集体活动和增强主人翁意识，培养自己的团队合作意识，从而实现从学生到职场人士的角色转变。

（1）学会处理与领导的关系。大学生在校园中习惯了"平等"，进入工作单位后可能一时很难接受被人领导，无法适应自己的下属角色。此时，就要时刻提醒自己认清自身的角色定位，调整心态，接受现实。在职场生涯中，大学生除了要学会与领导相处的基本礼仪外，还要学会尊重与服从领导，并主动与领导沟通，出色执行领导交给的任务。

（2）学会处理与同事的关系。人的工作和生活不是孤立的，总是要同其他人打交道与共处，所以从一定程度上说，人际关系既可以产生积极效益，也可能造成难以扭转的困境。对于这一点，不少大学生还没有充分和足够的认识。在工作单位里供职，同事往往是自己不能选择的，唯有主动接受他们，并力争与其和睦相处，才有助于自己工作的顺利开展。

（3）多参加集体活动。进入职场后，大学生可以有意识地树立自己的团队合作意识，积极参加单位组织的各种集体活动。集体活动主要包括文体比赛、集体劳动和聚餐旅游等。大学生通过参加这些集体活动，能增进与同事之间的熟悉程度，使自己融入集体，利用活动的相关规则来激发自身的团队合作意识。同时，参加集体活动的人数往往众多，能够有效锻炼自己与同事间的相互合作能力，强化自己的团队合作意识。

（4）增强主人翁意识。很多大学生在进入职场后都需要经历较长的职业磨合期，其主要原因通常是缺乏主人翁意识。主人翁意识淡薄的直接表现就是对于职场工作严重缺少归属感，将自己排除在工作集体之外，而且对于工作和职场的环境有强烈不适感。同时，正是因为没有树立起主人翁意识，一些大学生在就业后对工作单位缺少集体荣誉感，团队合作意识不断弱化。

大学生应该主动、积极地参与职场工作，通过认真地工作和不断完成任务来提升自身的竞争意识，增强在职场中的存在感，同时也能使自己在工作过程中不断开拓思维，提升自己的创新能力，进而增强作为职场人士的综合素质。

（五）调整心态，积极应对压力

刚参加工作的大学生所从事的岗位多在基层，和自己的理想职位存在一定差距。因此，大学生需要做好充分的心理准备，除了要锻炼自己的抗压能力外，还要学会以积极的心态面对新环境。

大学生面对职场压力时，较好的解决方法就是尽快熟悉业务，从平凡、枯燥的工作中寻找乐趣。如果大学生能在平凡的工作岗位上激情不减，表现突出，能在职场压力下不屈不挠，努力工作，必将披荆斩棘，成绩斐然。

1. 保持好心态

一些大学生刚进工作单位时，习惯用学生的眼光来看待工作单位，对工作单位的现状不满，接受不了其中的"条条框框"，没有耐心去适应工作环境。其实，每个工作单位都有优势和劣势，大学生需要学会适应新的环境，在深入了解工作性质后，找到适合自己的位置。

2. 保持学习的心态

大学生作为职场新人，在面对上司、对待同事时要尽可能地以向他人学习的心态进行沟通和交流，不要急功近利，更不能骄傲自满，多多观察和学习他人的工作经验，弥补自己的不足。

3. 保持乐观健康的心态

刚毕业的大学生不管是在工作还是在生活中，总会遇见各种各样的事情，有开心的也有烦心的，此时大学生需要保持乐观向上的心态。首先，要根据自己的能力来设立目标，且设立的目标要切实可行；其次，需要多与充满正能量的人交流，并从中学会换位思考，让自己有一种豁然开朗的感觉；最后，要正确看待成功和失败。

五、大学生在职业适应中容易出现的问题

大学生初涉职场，在职业适应过程中难免会遇到各种各样的问题。遇到问题并不可怕，

可怕的是意识不到问题存在的根源，频繁陷入误区。因此，大学生刚入职场时，一定要懂得适时总结与反思，及时发现问题并有针对性地解决问题，从而顺利融入职场。

（一）"小事不愿干，大事干不了"

大学生小甲就面临类似的困惑。小甲从学校毕业后，通过校园招聘被安排进入一家大型企业工作。刚入职，小甲就感觉自己被大材小用了，经常被安排做一些杂事，如打印材料、整理笔记、找素材、接电话、给来访的客户端茶送水，等等。小甲觉得，自己去大公司就是想锻炼自己能力的，不应该做这些毫无技术含量的事。

很多人认为自己读了很多年书，对初入职场的一般事务性工作不屑一顾，甚至认为自己应该在工作中发挥独当一面的作用。中人网总裁兼CEO何国玉明确指出："这是一个误区！是一种过于理想化的心态。大学生初入职场，虽然有着高涨的工作热情，但工作经验、实践能力、职场技能都欠缺很多，指望在开始时就承担重要工作是不切实际的。"联想中国招聘调配总监卫弘认为：从招聘的角度来说，中国大学生的素质都是很优秀的，最关键的问题是怎样调整自己的心态，找到适合自己的位置，踏踏实实地从一点一滴做起。他认为当前很多大学生在找工作时非常急躁，选择工作时挑挑拣拣，总觉得做一些细微的工作是委屈了自己。

对策：老话说得好："天下难事，必作于易；天下大事，必作于细。"实际上，无论我们在什么行业从事什么工作，都要重复做一些看似不起眼的事务。比如整理会议内容、归档文件、做PPT、做报表、接待嘉宾，等等。这些看似不起眼的小事、杂事，恰恰能体现出一个人的责任心、耐心以及工作态度、办事能力和人际交往能力。何国玉指出："大学生要意识到，无论是什么样的工作，哪怕只工作了三天，哪怕做最琐碎的事，也能够有三天的收获。每天忠实做事，那么无论从事什么样的平凡工作，都能够有很有价值的收获。"卫弘认为："择业之前，心态归零非常重要。"

（二）压力面前选择逃避

身在职场，难免要承受方方面面的工作压力，这些压力往往来自加班、薪水、人际关系、发展空间、工作失误受挫，等等。面对职场压力，初出茅庐的大学生们通常会感受到前所未有的恐慌和受挫感，有些人因此选择了放弃，有些人却选择了勇敢面对和坚持。

对策：正确面对工作中的压力，绝不能轻易放弃。首先，确立健康、坚定的工作心态。世上没有最好的工作，只有最合适的工作；没有一劳永逸的工作，只有不断接受挑战的工作。理解并接受这个事实，才能放弃不切实际的幻想，找到自己的就业之路，实现人生价值。其次，主动沟通，创造良好的工作关系。良好的工作关系能让工作愉快且富有成效。而要建立起良好的工作关系，则需要人与人之间的相互沟通。不要总是被动地等着别人来亲近你，学会主动沟通，或许能收到事半功倍的效果。再次，面对工作失误，应当以冷静的态度客观分析失败的原因，进行正确的受挫归因，及时调整工作方向，做好善后工作。不能光想着自己委屈，而把自己应该承担的责任抛在脑后。最后，乐观面对，将各种压力、挫折当成宝贵的工作经验和人生财富。

> **小贴士**

职场压力测试

1. 每天的工作都像到了最后期限。
2. 有时候吃午饭也要工作。
3. 你不断地让自己接受新的工作，同时也不放弃原有的工作。
4. 开始怀疑这份工作的意义。
5. 有时候会莫名其妙地心烦意乱，甚至感到透不过气来。
6. 希望对工作更有自信心。
7. 你不知道在工作中怎样投入感情。
8. 常常在梦中思考工作的事。
9. 做这份工作已经5年了或更长的时间。
10. 在工作空闲的时候也很难放松。
11. 当开始新的工作项目时，觉得难以马上投入。
12. 虽然很喜欢自己的工作，但如果投入过多时间你又感到很内疚。
13. 似乎没有其他时间学新的东西。

[评分说明]

没有或不符合0分；有时候这样1~4分；的确如此5分。

[参考评价标准]

分数低于8分：说明你很清楚这份工作不是你生活的全部，你懂得恰到好处地分配时间，并且抗压能力也很强。

8~22分：你应该注意了，是不是工作占用了你80%的时间。

大于22分：工作占据了你全部的生活，你在别人眼中是一个工作狂，而你自己也感到身心疲惫。

（三）频繁跳槽

《2021年中国大学生就业报告（就业蓝皮书）》中数据显示，2020届大学毕业生有32%在工作半年内离职，其中，高职高专生毕业半年内的离职率远高于本科毕业生，有41%的高职高专生毕业半年内发生过离职，本科毕业生半年内离职率为22%。2020届大学生毕业半年内离职的人群有98%为主动离职，主动离职的主要原因是薪资福利偏低（43%）和个人发展空间不够（35%）。

1. 扎得住根，才会枝繁叶茂。做好职业生涯规划即确定个人奋斗目标，有了目标，就有了努力的方向和动力。如果你连自己真正想要的是什么都没有思考过，建议你暂时原地踏步，做好眼前事，等在目前的单位站稳脚跟并积累了一些工作经验和阅历后，再一步步构建起对未来的规划。"将帅起于卒伍，宰相必起于州部"。降低就业期望值，在职业发展规划的基础上，沉下心来从底层做起，不断积累经验、提升能力，形成一个有延续性的职业发展历程。

2．第一份工作很重要。智通人力资源的陈海华认为："第一份工作对于初入职场的大学生来讲很重要，频繁离职很难赢得未来雇主的信赖，也失去了在行业内积累专业技能和人脉的机会。"

毕业生在求职前务必准确评估自己掌握的专业知识和技能，清楚自己的优势与劣势、长处与不足，在充分了解求职信息的基础之上，结合当前的职业机会来设定职业目标，并制定短、中、长期的职业规划。

（四）遭受冷遇

部分大学生走上工作岗位后可能会遭受冷遇。要想从遭受冷遇的困境中挣脱出来，大学生就要学会清醒分析，正确对待。

当大学生在工作中受到冷遇时，必须要从自身找原因。一般来说，大学生在工作中受到冷遇主要有以下几方面的原因：

1．好高骛远，小事不愿做，大事又做不好，领导难以安排合适的工作。

2．对工作挑肥拣瘦，拈轻怕重。

3．过于看重个人得失，不思奉献。

4．没有工作责任心，马虎了事，不能完成领导交代的任务。

5．没有摆正个人与集体、事业与家庭的关系。

6．总把自己理所当然地放在被照顾的位置，不懂得设身处地为别人着想。

找到原因后就要有针对性地寻找摆脱冷遇的方法才是解决问题的根本。大学生一定要常反思，认真地剖析自己的言行，在找出受冷遇的原因后，既不能怨天尤人，也不能悲观失望、自暴自弃，要通过自身努力尽快化解矛盾，摆脱遭受冷遇的困境。

（五）礼仪缺失

如果你是一位新员工，你的部门经理要你打电话通知公司副总经理协助处理一项工作，你该如何去做呢？

一位刚刚毕业的女大学生小乙，给张副总打了一个电话："是张副总吗？包经理叫我告诉你，把某某事情赶紧处理一下，包经理很急的。"张副总接完电话在座位上摇了几下头，办公室里的人听完小乙说的话都笑了。

点评：小乙在打电话时，言辞不礼貌。包经理在职级上并没有权力去要求张副总执行什么工作，这种命令式的语气虽然是转告，却显示出对副总经理极其不礼貌。

对策：掌握职场中的电话礼仪。

1．打电话的礼仪

（1）选择适当的时间。一般的公务电话最好避开临近下班的时间，因为这时打电话，对方往往急于下班，很可能得不到满意的答复。公务电话应尽量打到对方单位，若确有必要往对方家里打电话时，应注意避开吃饭或睡觉时间。

（2）打电话前，列出通话要点，避免浪费时间。

（3）准备好笔和纸，打电话时不要吃东西、喝水或抽烟。要保持正确的姿势，如果因姿势不正确导致电话不小心从手中滑下来，或掉在地上，发出刺耳的声音，会令对方感到不舒服。

（4）电话用语应文明、礼貌，态度应热情、谦和、诚恳，语调应平和，音量要适中。

（5）如果要找的人不在，可以问一下对方什么时间可以再打电话或请其回电话，同时，要将自己的电话号码和回电时间告诉对方。

（6）在给其他部门打电话时，要先报部门和姓名，这样可以避免对方因为询问你的情况而浪费时间。

（7）借用别家单位电话应注意，一般不要超过十分钟。遇特殊情况，非得长时间接打电话时，应先征求对方的同意和谅解。

（8）通话完毕时应道"再见"，然后轻轻放下电话。

2．接电话的礼仪

（1）接听电话前，准备好笔和纸，如果没有提前准备好笔和纸，那么当对方需要留言时，就不得不要求对方稍等一下。让宾客等待，这是很不礼貌的。

（2）停止一切不必要的动作，不要让对方感觉到你在处理一些与电话无关的事情，对方会感到你在分心，这也是不礼貌的表现。

（3）应尽量在电话铃响两声之后（不超过三声），带着微笑迅速接起电话，让对方能在电话中感受到你的热情。同时，接电话时注意保持正确的姿势。先主动问候，自报家门，"您好，这里是××公司××部"；如果想知道对方是谁，不要唐突地问"你是谁"，可以说"请问您是哪位"，或者可以礼貌地问"对不起，可以知道应如何称呼您吗？"。询问时应注意在适当的时候，根据对方的反应再委婉询问。

（4）如果接到的电话是找你的上级或同事时，不要直接回答在还是不在，要询问清楚对方的姓名和大概意图，然后说帮您找一下。将所了解的情况告诉你的上级或同事，由他判断是否接电话。领导和同事家里电话不要轻易告诉别人。

（5）接电话时，可对对方的谈话做必要的重复，重要的内容应简明扼要地记录下来，可以利用"5W1H"技巧，简明扼要地记录电话内容，即when（何时）、where（何地）、who（何人）、what（何事）、why（为什么）、how（干什么）。例如：今天下午15:30在公司五楼会议室与××公司王总洽谈合作事宜。

（6）当听到对方的谈话很长时，必须有所反应，如使用"是的、好的"等来表示你在听。一定不能用很生硬的口气说"他不在""打错了""没这人""不知道"等。

（7）须搁置电话时或让宾客等待时，应给予说明，并致歉。每过20秒留意一下对方，向对方了解是否愿意等下去。

（8）对方需要帮助时，要尽力而为。对于每一个电话，都能根据实际情况做到以下事情：①问候；②道歉；③留言；④转告；⑤马上帮忙；⑥转接电话；⑦直接回答（解决问题）；⑧回电话。

（9）要经常称呼对方的名字或姓氏+职务/尊称/敬称，以示对对方的尊重。

（10）与客户通电话要坚持后挂原则。电话交谈完毕，应尽量让对方结束对话，若确需自己来结束，应解释、致歉。通话完毕，应等对方放下话筒后，再轻轻地放下电话，以示尊重。

（11）善后事宜。对于接电话时不能马上回复对方的事情，要在了解清楚后及时回复对方；或者需要其他同事处理的事情，要及时将电话内容告知相关人员。

建议：掌握职场礼仪。

1. 名片礼仪

递送名片时，应用双手拇指和食指执名片两角，让文字头朝向对方。接名片时要用双手，并认真看一遍上面的内容，如果接下来与对方谈话，不要将名片收起来，应该放在桌上，并保证不被其他东西压起来，这会使对方感觉你很重视他。

2. 介绍礼仪

介绍的原则是将级别低的介绍给级别高的，将年轻的介绍给年长的，将未婚的介绍给已婚的，将男性介绍给女性，将本国人介绍给外国人。

3. 握手礼仪

愉快地握手，不宜力气过大且时间不宜过长，几秒钟即可。如果你的手很脏、很凉或者有水、汗，不宜与人握手，只要主动向对方说明不握手的原因就可以了。另外，不要在嚼着口香糖的情况下与别人握手。

4. 乘电梯礼仪

注意出入顺序。与不相识者同乘电梯，进入时要讲先来后到，出来时则应由外而里依次而出，不可争先恐后。与熟人同乘电梯，尤其是与尊长、女士、客人同乘电梯时，则应视电梯类别而定，进入有人管理的电梯，应主动后进后出；进入无人管理的电梯时，则应当先进去后出来。

▸ 小贴士 ◂

优秀员工的十二条准则

1. 忠诚。单位可能开除有能力的员工，但对一个忠心耿耿的人，不会有领导愿意让他走，他会成为单位中最长久的战士，而且是最有发展前景的员工。

（1）站在老板的立场上思考问题。

（2）与上级分享你的想法。

（3）时刻维护公司的利益。

（4）琢磨为公司赚钱。

（5）在外界诱惑面前经得起考验。

2. 敬业。随着社会进步，人们的知识背景越来越趋同。学历、文凭已不再是公司挑选员工的首要条件。很多公司考查员工的第一条件就是敬业，其次才是专业水平。

（1）工作的目的不仅仅在于报酬。

（2）提供超出报酬的服务与努力。

（3）在不违反原则的前提下，乐意为工作作出个人牺牲。

（4）只要在身体承受范围内，先完成工作再谈休息。

（5）重视工作中的每一个细节。

3. 积极。不要事事等人交代，一个人只要能自动自发地做好一切，哪怕起点比别人低，也会有很大的发展，自发的人永远受领导欢迎。

（1）从"要我做"到"我要做"。

（2）主动分担一些"分外"事。

（3）先做后说，给上司惊喜。

（4）学会毛遂自荐。

（5）高标准要求：要求一步，做到三步。

（6）拿捏好主动的尺度，不要急于表现、出风头甚至抢别人的工作。

4. 负责。勇于承担责任的人，对企业有着重要的意义，一个人工作能力可以比别人差，但是一定不能缺乏责任感，凡事推三阻四、找客观原因，而不反思自己，一定会失去领导的信任。

（1）责任的核心在于责任心。

（2）把每一件小事都做好。

（3）言必信，行必果。

（4）错就是错，绝对不要找借口。

（5）让问题的皮球止于你。

（6）不因一点疏忽而铸成大错。

5. 效率。高效的工作习惯是每个渴望成功的人所必备的，也是每个单位都非常看重的。

（1）跟穷忙瞎忙说"再见"。

（2）心无旁骛，专心致志。

（3）量化、细化每天的工作。

（4）拖延是最狠毒的职业杀手。

（5）牢记优先，要事第一。

（6）防止完美主义成为效率的大敌。

6. 结果。"无论黑猫、白猫，抓得到老鼠就是好猫！"无论苦干、巧干，出成绩的员工才会受到众人的肯定。企业重视的是你有多少"功"，而不是你有多少"苦"。

（1）一开始就要想怎样把事情做成。

（2）办法永远要比问题多。

（3）聪明地工作而不仅仅是努力工作。

（4）没有条件，就创造条件。

（5）把任务完成得超出预期。

7. 沟通。不善于沟通者，即便自己再有才，也只是一个人的才干，既不能传承，又无法进步；善于沟通者，哪怕很平庸，也可以边干边学，最终实现自己的价值。

（1）沟通和八卦是两回事。

（2）不说和说得过多都是一种错。

（3）带着方案去提问题，当面沟通，当场解决。

（4）培养接受批评的情商。

（5）胸怀大局，既报喜也报忧。

（6）内部可以有矛盾，对外一定要一致。

8. 团队。团队提前，自我退后。不管个人能力多强，只要伤害到团队，公司绝不会让你久留，不要认为缺了你一个，团队就无法运转。

（1）滴水融入大海，个人融入团队。

（2）服从总体安排。

（3）遵守纪律才能保证战斗力。

（4）不做团队的"短板"，如果现在是，就要给自己"增高"。

（5）多为别人、为团队考虑。

9. 进取。个人永远要跟上企业的步伐，企业永远要跟上市场的步伐。无论是职场还是市场，无论是个人还是企业，参与者都不希望被淘汰。为此就一定要前进，停就意味着放弃，意味着出局。

（1）以空杯心态去学习、去汲取。

（2）不要总生气，而要争气。

（3）不要一年经验重复用十年。

（4）挤时间给自己"增高""充电"。

（5）发展自己的"比较优势"。

（6）挑战自我，未雨绸缪。

10. 低调。才高不必自傲，不要以为自己不说、不宣扬，别人就看不到你的功劳，所以别在同事面前炫耀。

（1）不要邀功请赏。

（2）克服"大材小用"的心理。

（3）不要摆架子耍资格。

（4）凡是人，皆须敬。

（5）努力做到名实相符，要配得上自己的位置。

（6）成绩只是开始，荣誉当作动力。

11. 会控制成本。节约，但不可抠门。不要把公司的钱不当钱，公司"锅"里有，员工"碗"里才有；同样，"锅"里多，"碗"里也自然就多。而掌勺的，恰恰就是你自己。

（1）报销账目，一定要诚信。

（2）不要小聪明，不贪小便宜。

（3）不浪费公司的资源，哪怕是一张纸。

（4）珍惜工作的每一分钟时间。

（5）每付出成本，都要力争最大收益。

（6）省下的，就是利润。

12. 感恩。为什么我们能允许自己的过失，却对他人、对公司有这么多的抱怨？再有才华的人，也需要别人给你做事的机会，也需要他人对你或大或小的帮助。你现在的幸福不是你一个人就能成就的。

（1）老板给了你展示的平台。

（2）工作给你的不仅有报酬，还有学习、成长的机会。

（3）同事给了你工作中的配合。

（4）客户帮你创造了业绩。

（5）对手让你看到了距离和发展空间。

思考与练习

找到专业与兴趣的结合点：

你的专业是什么？

你的职业兴趣是什么？

如果两者一致程度较高，你觉得自己可以选择何种职业？

如果两者一致程度较低，你能否尝试通过各种途径（如上网查询或咨询这个行业的资深人士）深入了解一下，找出两者的结合点？

第七章 大学生就业权益与保障

思政目标

- 端正态度、坚定信心，做好心理调适，树立正确的就业观。
- 脚踏实地、实干笃行，将个人就业目标融入国家和社会发展中。

学习目标

- 掌握就业权益的基本内容，树立就业权利意识。
- 掌握就业政策和就业法规，学会维护自身合法权益。

第一节 大学生就业权益概述

案例导入

谁在拒绝新冠肺炎阳性康复者？哪些工作对新冠肺炎阳性康复者关上了大门？……

"去工厂、去快递分拣，做清洁工、做保安、做核酸检测志愿者，去剧组搬道具、去任何地方做体力活……就是你能想到的所有工作，都不行。"一名新冠肺炎阳性康复者这样说道。

2022年7月13日召开的国务院常务会议，部署加力稳岗拓岗的政策举措。会议特别提到，严禁在就业上歧视新冠病毒肺炎的康复者，对此类歧视现象发现一起严肃处理一起。

启示：

劳动就业，关系着每一个成年人的切身利益，只要"阳"过了，就不录用，这是就业歧视。《中华人民共和国就业促进法》第三条规定：劳动者依法享有平等就业和自主择业的权利。劳动者就业，不因民族、种族、性别、宗教信仰等不同而受歧视。第三十条规定：用人单位招用人员，不得以是传染病病原携带者为由拒绝录用。但是，经医学鉴定传染病病原携带者在治愈前或者排除传染嫌疑前，不得从事法律、行政法规和国务院卫生行政部门规定禁止从事的易使传染病扩散的工作。

由此可见，除法律法规规定的禁止从事的工作外，即使是传染病病原的携带者，用人单位也不能以此为理由拒绝录用。

一、大学生就业权益的基本内容

普通高校毕业生在就业过程中享有多方面的权益，清楚了解自己在就业过程中享有的一系列权利以及如何更好地在求职过程中维护自己的权益是实现顺利就业的重要保障。根据目前就业规范的有关规定，毕业生主要享有以下七个方面的权利：就业信息知情权、接受就业指导权、被推荐权、自主择业权、平等就业权、知情权、违约求偿权等。

（一）就业信息知情权

就业信息是毕业生择业成功的前提，学校和有关就业指导部门应如实、无保留地向毕业生及时提供就业信息。毕业生只有在充分了解信息的基础上，才能结合自身情况选择适合自身发展的用人单位。因此，就业信息知情权是毕业生在就业过程中最基本的权利，可以从以下三方面来理解：

1. 信息公开，即所有用人信息向全体毕业生公开。
2. 信息及时，也就是毕业生获取的就业信息必须是及时、有效的，而不能将过时的无利用价值的信息传递给毕业生。
3. 信息全面，毕业生有权获得准确、全面的就业信息，全面地了解用人单位的需求，从而做出符合自身需求的选择。

（二）接受就业指导权

就业指导工作直接影响大学毕业生的职业生涯规划、就业求职。《中华人民共和国高等教育法》第五十九条规定，"高等学校应当为毕业生、结业生提供就业指导和服务"。由此可见，毕业生有权从学校接受就业指导。学校应成立专门机构，安排专门人员对毕业生进行就业指导，及时向毕业生传达有关就业方针、政策、法规，并对毕业生进行择业观念、择业技巧等方面的指导，引导毕业生根据国家、社会需要，结合个人实际情况合理择业。

（三）被推荐权

学校在就业指导工作中的一个重要职责就是向用人单位推荐大学毕业生。实践证明，学校推荐在较大程度上会影响用人单位对毕业生的取舍，而毕业生在就业中有权得到学校的如实推荐。毕业生享有的被推荐权包括以下三方面内容：

1. 如实推荐，学校在对毕业生进行推荐时，应实事求是。
2. 公正推荐，学校对毕业生的推荐应做到公平、公正。
3. 择优推荐，在公平、公正的基础上，学校还应择优推荐，做到人尽其才，充分调动广大毕业生的就业积极性。

（四）自主择业权

《中华人民共和国劳动法》第三条规定，劳动者享有选择职业的权利。因此，作为求职方的毕业生（委培生、定向生除外），在就业市场上享有自主选择职业的绝对权利，可以按照自己的兴趣、爱好和能力去选择自己将要从事的职业。家长、学校和用人单位，可以为初出校门、缺乏工作经验的毕业生提供择业意向方面的建议、参考、推荐和引导，但不能强迫或限制他们选择职业。只要符合国家的就业方针、政策，毕业生有权自主地选择用人单位，任何强令毕业生到指定单位就业的行为都是侵犯毕业生自主择业权的行为。

（五）平等就业权

毕业生享有平等就业的权利。《中华人民共和国劳动法》规定，"劳动者享有平等就业和选择职业的权利""劳动者就业不因民族、种族、性别、宗教信仰不同而受到歧视"。但在实际就业过程中，毕业生平等就业的权利常常受到侵犯，"就业歧视"现象屡见不鲜，例如，"女性不要""35岁以上不要""非211、985不要"……这些现象破坏了市场的公平竞争环境，造成了人力资源的巨大浪费。当前，用人单位录用毕业生还不同程度地存在不公平、不公正的现象。这一问题的根本解决，还有待于相关法律条例的制定和完善。就目前来说，更重要的是求职者本身维权意识的加强。毕业生在参加就业求职过程中，应当享有平等就业权。平等就业，应当包括及时、全面、有效地获取就业信息，能被公平、公正对待，参加"双选"时与用人单位自主洽谈协商。平等就业权是毕业生最为迫切需要得到维护的权益。

（六）知情权

在双向选择的过程中，毕业生有全面获悉用人单位信息、了解用人单位的工作环境、福利待遇、发展前景等情况的权利，用人单位有义务向毕业生和学校如实介绍本单位的真实情况，任何发布虚假招聘信息、对毕业生隐瞒本单位实际情况的做法，都是对毕业生就业权利的漠视和侵犯。

（七）违约求偿权

毕业生的就业协议一经签订，毕业生、用人单位、学校任何一方不得擅自毁约，都应严格履行。任何一方提出变更或解除协议，均须得到另外两方的同意，并应承担违约责任。如用人一方违约，毕业生有权要求用人单位承担违约责任，支付违约补偿。

二、大学生就业义务的基本内容

权利与义务是一致的，毕业生在享有国家规定的权利的同时，还必须履行一定的义务。

（一）执行国家就业方针、政策和规定的义务

国家任务招收的各类毕业生，应服从国家需要，在国家宏观政策指导下自主择业，为国家社会主义事业和现代化建设服务。教育部关于本科毕业生的就业政策和就业原则是：毕业生在国家就业方针政策指导下，依据《全国普通高等学校毕业生就业工作暂行规定》，教育部直属高校的毕业生，由教育部负责在全国范围内安排就业；国务院部委所属高校毕业生，原则上在本系统、本行业内安排就业；地方所属高校的毕业生由各地方负责，原则上在本地区内安排就业。教育部规定定向生、委培生按合同就业；国家招生计划内招收的自费生（含电大、函授普通专科班）毕业后自主择业；师范类毕业生原则上在教育系统内就业。

（二）向用人单位实事求是介绍个人情况的义务

大学毕业生在向用人单位进行自我推荐、自我介绍和接受考查时，有义务全面地实事求是地反映个人情况，以利于用人单位的遴选，不得夸大其词、弄虚作假。

（三）严格履行就业协议的义务

《中华人民共和国合同法》第八条规定："依法成立的合同，对当事人具有法律约束力。当事人应当按照约定履行自己的义务，不得擅自变更或者解除合同。依法成立的合同，受法律保护。"

（四）遵守学校有关规定的义务

毕业生应按时离校，文明离校，办理相关离校手续，如归还公物、清偿债务等。不履行义务的毕业生，应当受到应有的处理。

随着毕业生就业工作逐步走向规范化、制度化和法制化，毕业生应该增强依法就业的意识，认真遵守国家有关毕业生就业的方针、政策、规定，自觉履行应尽义务，并学会拿起法律武器维护自己的应有权利。

三、大学生就业权益产生的背景和特点

（一）产生的背景

大学生是社会发展建设的中坚力量，解决好大学生就业这一社会问题，不仅影响着社会的和谐稳定，还影响着国家的可持续发展。随着我国社会经济的快速发展，就业维权的呼声自然越来越高。面对大学生就业权益法律体系还不够完善等问题，国家进一步加强就业市场管理，进一步理顺毕业生就业体制，切实推进相关法律法规政策的全面落实，健全大学生就业法律保障体系，真正意义上为大学生营造和谐良好的就业环境。

我国现阶段的《劳动法》《劳动合同法》《就业促进法》等法律法规，为就业政策的长期实施和有效运行提供了坚强的法律保障。

（二）特点

进入新时代，大学生就业权益的维护具有其突出特点：

1. 党和政府高度重视大学毕业生的就业维权工作，为毕业生的就业维权提供一系列优惠政策和良好的外部环境。中央和地方各级政府多次颁布文件，保证毕业生就业工作的顺利进行。因此，高校毕业生的就业维权有着社会其他人员无法比拟的优越条件。

2. 就业时间集中性强，维权问题具有周期性特点。每年 3 月或 7 月，为应届高校毕业生就业的高峰期，一般要求毕业生在规定的时间内落实工作单位。因此也随之出现很多维权问题，应予以重点关注。

3. 初次就业，缺乏就业权益的维护意识。高校毕业生大多数没有就业经历，缺乏就业维权意识，因此要更加注意预先指导和教育。

4. 毕业生就业权益受到侵害的途径和方式出现了很多时代性新特点。网络侵权、合同侵权、违约侵权等新问题时时出现，需要有新的应对措施。

四、大学生就业权益的维护

大学毕业生在求职过程中保护自己的合法权益不受侵害，需要做到以下几点。

（一）了解国家和地方有关就业政策和法律规定

毕业生应了解目前国家和地方主管部门关于毕业生就业的有关方针、政策和法规及它们之间的关系，例如户籍政策、接收程序、用人制度等。如果在就业过程中用人单位的单方面规定与国家政策、法律、法规相抵触，侵犯了自己的权益，求职者要勇于并善于依法维护自身合法权益。

（二）高度重视就业协议书的作用

就业协议书是由教育部统一制定的明确毕业生个人、用人单位、学校三方在毕业生就业

过程中的权利和义务的书面文本。毕业生在签订就业协议及其补充条款时要注意查明用人单位的主体资格是否合法，看清协议条款是否明确合法，签订就业协议的程序是否完备，违约责任的界定是否明确等等，切忌盲目填写，有不明确的问题应及时向就业指导中心老师或用人单位询问。

（三）主动预防侵权行为

一方面，毕业生在就业过程中应本着"诚实、守信"的原则，以自身实力参与竞争；另一方面，要有风险意识，对于有些用人单位招聘人员时，使用夸大待遇条件等欺骗手段的做法要有提防戒备心理，预防危害自身合法权益行为的发生。

（四）善于运用法律武器

由于高校毕业生就业市场尚不成熟完善，有关法律法规有待于健全，在就业过程中不可避免会出现一些不公平现象，侵害了毕业生的正当权益。在自身权益受到侵害时，毕业生有权向用人单位的上级主管部门提出申诉，也可提交给当地的劳动争议仲裁机构进行调解和仲裁，或直接向人民法院提起诉讼，运用法律武器来维护自身正当权益。

思考与练习

当前，部分毕业生认为"一次就业定终身"，也有部分毕业生认为"跳槽跳得越多越好"，你是怎么认为的？

第二节　大学生就业权益的法律保障

案例导入

毕业生阿文在学校安排的就业指导课上，对大学生就业权益的法律保障进行了初步学习，并产生了较为浓厚的兴趣。她除了认真学好专业课外，还利用业余时间比较系统地学习了《中华人民共和国劳动法》《中华人民共和国合同法》等法律法规，对于劳动就业的规定有较为全面的了解。毕业签约时，单位提出"试用期8个月，试用期满后签订劳动合同"的要求时，阿文依据自己掌握的法律知识，以《中华人民共和国劳动法》规定"试用期最长不得超过6个月，试用期必须包含在劳动合同期限内"为由与单位据理力争，最终使单位按照《中华人民共和国劳动法》的规定签订就业协议，较好地保护了自己的合法权益。

启示：

大学生保护自己的就业权益就要了解有关就业政策和法律规定，增强法律意识并用法律武器维护自身合法权益。因此，在了解了就业权益的基本内容后，大学生还要了解一些最基本的与就业相关的法律常识，这样才能在自己的权益受到侵害时，运用相应的法律知识来维护自己的合法权益。

一、与大学生就业有关的法律法规

（一）《中华人民共和国劳动法》

1994年7月5日，第八届全国人大常委会第八次会议通过了《中华人民共和国劳动法》（以下简称《劳动法》），自1995年1月1日起施行。2009年8月27日第十一届全国人民代表大会常务委员会第十次会议通过《全国人民代表大会常务委员会关于修改部分法律的决定》（第一次修正）。2018年12月29日第十三届全国人民代表大会常务委员会第七次会议通过《关于修改〈中华人民共和国劳动法〉等七部法律的决定》（第二次修正）。这是一部保护劳动者合法权益、调整劳动关系的法律。毕业生在求职择业过程中必须掌握该法律的有关内容，才能避免自己的权益遭到侵害。

《劳动法》规定：劳动者享有平等就业和选择职业的权利、取得劳动报酬的权利、休息休假的权利、获得劳动安全卫生保护的权利、接受职业技能培训的权利、享受社会保险和福利的权利、提请劳动争议处理的权利以及法律规定的其他劳动权利。《劳动法》还对劳动者工作时间以及延长工作时间等做了相应的规定，这里不再赘述。

（二）《中华人民共和国劳动合同法》

2007年6月29日，第十届全国人民代表大会常务委员会第二十八次会议通过《中华人民共和国劳动合同法》（以下简称《劳动合同法》），自2008年1月1日起施行。2012年12月28日第十一届全国人民代表大会常务委员会第三十次会议通过《关于修改〈中华人民共和国劳动合同法〉的决定》。这是一部调整平等主体的劳动者与用人单位之间订立和履行劳动合同的法律。毕业生正式报到后与用人单位签订的劳动合同也应符合《劳动合同法》的有关规定，因此，在与用人单位签订劳动合同前，应对《劳动合同法》的相关规定进行了解，特别是订立阶段的有关注意事项，以更好地维护自身的合法权益。

《劳动合同法》规定了其调整对象和适用主体，从相关法条可以看出，劳动合同法调整通过劳动合同建立的劳动关系，即凡是通过合同而形成的劳动关系，由劳动合同法调整，其他的则不予调整。需要特别注意的是，国家机关、事业单位、社会团体只有与劳动者建立劳动关系的，才适用劳动合同法。其次，劳动合同法的适用主体是劳动者与用人单位。此处的用人单位的地域范围是境内，所以外国企业的驻华代表如果在中国境内开展业务，也要受到《劳动合同法》的调整。

《劳动合同法》还对订立劳动合同的原则、形式、期限、劳动合同的生效以及文本的保管、劳动合同应具备的条款及试用期的有关条款、劳动合同中违约金的约定等都做了详细的规定，对保护劳动者的切身权益有十分重要的作用。

（三）《中华人民共和国就业促进法》

2007年8月30日，第十届全国人民代表大会常务委员会第二十九次会议通过《中华人民共和国就业促进法》（以下简称《就业促进法》）。2015年4月24日第十二届全国人民代表大会常务委员会第十四次会议通过《关于修改〈中华人民共和国就业促进法〉等六部法律的决定》。

《就业促进法》是一部为促进就业，促进经济发展与扩大就业相协调，促进社会和谐稳定而制定的法律。体现出国家把扩大就业放在经济社会发展的突出位置，实施积极的就业政策，坚持劳动者自主择业、市场调节就业、政府促进就业的方针，多渠道扩大就业。对于实现劳动力资源的有序流动和合理配置，增强就业的稳定性和提高就业质量，推动我国就业工作的全面协调发展，促进社会主义和谐建设产生了深远影响。

（四）《普通高等学校毕业生就业工作暂行规定》

《普通高等学校毕业生就业工作暂行规定》是指导毕业生就业工作的最根本最原则性的规定，主要内容有：毕业生就业工作程序；毕业生就业指导与毕业生鉴定；供需见面和双向选择活动；就业计划的制订；调配、派遣工作；接收工作及毕业生待遇；违反规定的处理；等等。它对全国高校、毕业生、用人单位具有普遍约束力，是目前最为系统的就业规范。除此之外高校所在省（市）就业政策、地方性法规等，都需要毕业生及时学习了解。

二、《全国普通高等学校毕业生就业协议书》与劳动合同

许多毕业生认为《全国普通高等学校毕业生就业协议书》与劳动合同具有同等的效力，可以相互替代，另外，毕业生到单位报到后，有些用人单位也并没有马上与劳动者签订劳动合同，而是以就业协议书及补充协议代为履行劳动合同的职能。需要强调的是，虽然就业协议书与劳动合同均为用人单位录用毕业生时所签订的书面协议，但两者处于两个相互联系的不同阶段，不能相互替代。

（一）《全国普通高等学校毕业生就业协议书》概述

1.《全国普通高等学校毕业生就业协议书》（以下简称《就业协议书》）的主要内容

教育部高校学生司制作的《就业协议书》是为了明确毕业生、用人单位、学校三方在大学生毕业就业工作中的权利和义务，经协商签订的协议。因此，也简称为三方协议，由三方共同签署后生效。其内容包括以下五个部分：（1）用人单位的情况及意见（2）毕业生的情况及意见（3）学校意见（4）备注（5）规定条款（《全国普通高等学校毕业生就业协议书》背面）。

2.《就业协议书》的法律性质和地位

根据我国法律规定，合同是平等主体的自然人、法人和其他组织之间设立、变更、终止民事权利义务关系的意思表示一致的协议。就业协议书的签订主体是平等的，是在双方意思

表示一致后订立的，并且协议书所涉及的权利义务均属于我国民事法律调整的范围，所以毕业生就业协议书具有合同的属性。就业协议书是明确毕业生、用人单位、学校三方在毕业生就业工作中的权利和义务的书面表现形式。协议书在毕业生到单位报到、用人单位正式接收后自行终止。就业协议书起到保护毕业生、用人单位权益的作用，是学校制订、国家审批毕业生就业计划的依据。

3.《就业协议书》的作用

（1）学校凭《就业协议书》来派遣毕业生。学校依据《就业协议书》内容开出《毕业生就业报到证》和《户口迁移证》，同时转移学生档案。一般学校会要求毕业生在规定的日期内（如每年6月底）上交《就业协议书》，学校再以《就业协议书》为依据进行派遣。如果超过这一期限，学校会把学生的档案派回原籍。

（2）公司凭《就业协议书》决定录用。毕业生一旦签署了《就业协议书》，则说明公司决定接收该毕业生档案，准备正式录用，并开始计算工龄。

4.《就业协议书》的签订

当毕业生与用人单位在洽谈、协商基础上达成一致意见，便以就业协议的形式将这种关系确定下来，此即为签约。毕业生在签订就业协议书时，要遵循一定的法定程序，才能最大限度地保障自己的权益。

（1）用人单位在对毕业生综合考查的基础上初步确定用人意向，由用人单位出具加盖公章的接收函，毕业生凭此函到学校就业主管部门领取三方协议。

（2）毕业生与用人单位就协议书中所列事项平等协商，在双方在场的情况下，认真填写各项基本资料并签名盖章，如另有其他约定条款的，需在就业协议书上注明或另附补充协议。

（3）学校盖章。毕业生与用人单位应在双方签字盖章后的十个工作日内持就业协议书到学校就业主管部门登记盖章。学校需对就业协议书中的内容及双方签字盖章的效力进行形式审查，签署意见，然后将毕业生纳入当年的就业派遣方案。

（4）学校签署意见后，学校保留一份协议，毕业生自己执一份，并由毕业生将另一份协议及时反馈给用人单位。

签订就业协议是一种法律行为，协议书一经签订，便视为生效合同，具有法律效力。因此，毕业生应注意协议内容是否明确，是否完整，避免模棱两可、含糊不清等，对关系到自己切身利益的工资待遇、工作期限（包括试用期）、发展前途、社会保障、违约责任等方面的条款更应逐字逐句推敲、斟酌，以免日后产生分歧。

（二）劳动合同概述

1. 劳动合同概念

《劳动法》第十六条规定：劳动合同是劳动者与用人单位确立劳动关系，明确双方权利和义务的协议。

2. 劳动合同的分类

劳动合同按照不同标准可划分为不同的种类，最常见的分类有：以合同的目的为标准，划分为聘用合同、录用合同、借调合同等；以合同的期限为标准，可划分为固定期限劳动合同、无固定期限劳动合同、以完成一定工作任务为期限的劳动合同；按照劳动者人数不同，划分为个人劳动合同和集体劳动合同。

3. 劳动合同的内容

劳动合同的内容与劳动者的权益密切相关，毕业生在正式报到后一定要按照有关的原则、形式和内容要求等与用人单位签订劳动合同。劳动合同的内容，指的是劳动合同中双方共同达成的规定双方当事人权利和义务的有关条款。任何一份劳动合同，都应包含两个基本部分。

第一部分，是劳动合同的法定条款，是劳动法规定的劳动合同必须具备的条款。按照劳动法规定，劳动合同的法定条款包含以下几项：劳动合同期限；工作内容；劳动保护和劳动条件；劳动报酬；劳动纪律；劳动合同终止的条件；违反劳动合同的责任。

第二部分，是指劳动者和用人单位在不与国家法律及有关规定相抵触的前提下，双方协商约定的那部分合同内容。比如劳动者担任的职务、发生争议时解决的途径等内容。

常见的协商条款有：试用期条款、培训条款、保密条款等，在此需要提到的是，试用期是劳动合同中的一项约定，没有单独的试用期合同，用人单位和大学生约定试用期考查合格后才签订正式的劳动合同，这是明显违反法律规定的。

4. 签订劳动合同的原则

根据《劳动合同法》的规定，毕业生在与用人单位签订劳动合同时，应注意以下几个原则。

（1）合法原则。主要从以下三方面内容来把握：一是签订劳动合同的主体合法。用人单位必须是依法设立的企、事业单位，国家机关、社会团体和个体经济组织等；劳动者必须是达到法定年龄、具有劳动权利能力和行为能力的自然人。二是劳动合同的内容合法。劳动合同的所有条款都不能违反国家法律、法规的规定。三是劳动合同订立的形式和程序必须合法。即劳动合同必须有规范的文本，并经用人单位与劳动者在劳动合同文本上签字或者盖章生效。劳动合同文本由用人单位和劳动者各执一份。

（2）公平原则。公平原则是指劳动合同当事人要公平地确定合同权利义务，使双方的权利义务对等，合同当事人不得利用自己的优势地位或对方的不利地位而订立显失公平的合同。此原则尤为重要，由于我国劳动力市场供过于求，使劳动者的弱势地位更加明显，有些用人单位利用这个特点签订显失公平的劳动合同，如果存在因一方的欺诈行为而导致合同不公平或者合同中对劳动者约定的违约金的数额过高等而导致合同不公平现象，当事人一方有权请求劳动争议仲裁机构或人民法院确认显失公平的合同无效。

（3）平等自愿、协商一致原则。平等是指当事人双方在签订劳动合同时依照法律规定地位平等，没有任何隶属关系、服从关系，用人单位与劳动者是以平等的身份订立劳动合同；自愿是指订立劳动合同完全出于当事人自己的意志，任何一方不得把自己的意志强加给另一方，也不允许第三者干涉劳动合同的订立。协商一致是指合同的双方当事人均认可合同的各项条款，只有在双方充分表达自己意志的基础上，经过平等协商，取得一致意见的情况下，劳动合同才能成立。凡是违反平等自愿、协商一致原则签订的劳动合同，不仅不具有法律效力，而且还应承担一定的法律责任。

（4）诚实信用原则。诚实信用原则是指劳动合同当事人在订立劳动合同时要诚实，不得有欺诈行为。"欺诈行为"是指一方当事人故意实施某种欺骗他人而使他人违背自己真实意愿做出某种决定的行为。如：用人单位或劳动者为了签订劳动合同，故意告知对方虚假的情况等。签订劳动合同是一种严肃的法律行为，毕业生和用人单位在签订合同前应当就相关事项进行充分协商并选择，劳动合同一旦签订，双方应本着诚信的原则，全面履行劳动合同的各项约定。

5．劳动合同的签订

在签约的基础上，毕业生完成大学学业领取了就业报到证之后，去用人单位上班，即为正式报到。为了更好地保障自己的权益，毕业生应及时和用人单位签订劳动合同，此时劳动者与用人单位之间依据劳动合同形成了法律上的权利义务关系即劳动关系。这种法律关系，具有以下基本法律特征：

一是劳动关系的主体是特定的，即一方是劳动者，另一方是用人单位。用人单位包括企、事业单位，机关、社会团体、个体工商户等。

二是劳动关系的发生、变更和终止，以及当事人双方在劳动过程中的权利、义务等均应依照劳动法和劳动合同法处理。

三是劳动合同的标的是劳动过程，而不仅仅是劳动成果。只要劳动者按时完成了劳动合同所规定的工作量，用人单位就应当按照劳动合同的约定支付劳动报酬。

（三）就业协议书与劳动合同的区别

1．签订时间不同。三方协议的签订时间是学生在校期间，而劳动合同是在大学生毕业离校到单位正式报到后签订的。

2．主体不同。三方协议的主体是三方，即学校、毕业生和用人单位；而劳动合同的主体是两方，即劳动者和用人单位。

3．内容不同。三方协议的主要内容是毕业生如实介绍自身情况并表示愿意到用人单位就业，用人单位表示愿意接收毕业生，学校同意推荐毕业生并列入就业方案；而劳动合同记载了劳动者和用人单位的权利和义务，是劳动关系确立的法律凭证。

4. 目的不同。就业协议是毕业生和用人单位关于将来就业意向的初步约定，经用人单位的上级主管部门和高校就业部门统一鉴证，一经毕业生、用人单位、学校签字盖章，即具有一定的法律效力，是编制毕业生就业方案和将来双方订立劳动合同的依据。

5. 适用的法律不同。三方协议的制定、发生争议后的解决主要依据是《民法典》《合同法》等，而劳动合同的订立以及发生争议后主要是依据《劳动法》和《劳动合同法》来解决。

所以，就业协议不能等同于劳动合同，在就业中处于弱势地位的毕业生，千万不能因为签订了就业协议就忽视了劳动合同的签订，否则，万一发生事故或其他劳动纠纷，很难得到全面保护。

典型案例

毕业生就业协议不是劳动合同

小张是某大学毕业生。2019年，临近毕业的小张与某股份公司及学校签订就业协议书，并约定违约金为2万元。同年6月，小张被派遣到该股份公司在上海的子公司工作，后双方签订了为期3年的劳动合同。2021年1月小张提出辞职。在上海子公司要求下，他支付了2万元违约金。此后，小张将该股份公司及其上海子公司告上法庭，认为就业协议是自己与该股份公司签订的，上海子公司无权按照该协议向他收取违约金，因此要求退还这笔违约金。

法庭上，该股份公司称，小张提前离职违反就业协议，理应支付违约金，上海子公司代母公司收取违约金并无不当，要求驳回小张的诉请。

法院审理后认为：高校学生在签订劳动合同前，不需缴纳社会保险、不纳入失业登记、不享受失业救济，因此不具有劳动法上劳动者的主体身份；毕业生就业协议书并非劳动合同，而是一般的民事协议，应适用民法通则而非劳动法。

法院认为就业协议的功能在于确保协议一方当事人按照协议到约定地点工作。本案中，小张毕业后，该股份公司将他派遣到上海子公司工作，因此小张与该股份公司之间的协议已履行完毕。此后该股份公司再要求小张依照协议支付违约金，缺乏依据。据此，法院终审支持小张讨回2万元违约金。

三、违约责任

（一）关于违约

国家基于维护广大毕业生利益的目的，要求用人单位维护毕业生就业计划的严肃性，就业协议一经签订，用人单位不得拒收毕业生；毕业生也不得随意更换单位，否则都属于违约行为。

（二）违约处理程序

签订《就业协议书》后一般不允许违约。双向选择的就业机制以及各单位在招聘时间上存在的差异，使毕业生在就业过程中，违约现象时有发生。一方面，用人单位单方面违约，在这种情况下，毕业生应该具有维权意识，主动运用法律的武器积极主张权利，追究用人单位的违约责任，也可以向用人单位上级主管部门和学校申诉，必要时可以向单位所在地劳动仲裁机构投诉或直接向人民法院起诉，从而保护自身的合法权益。另一方面，毕业生因为种种原因违约，这时候，毕业生应该跟用人单位在坦诚相商的基础上合理地解决，取得原单位的同意后，再跟新单位签订新的三方就业协议。任何情况下其中一方违约的，都须经另两方同意后才能办理并承担违约责任。另外，毕业生还须履行以下手续：

1. 要征得原用人单位同意，并出示原单位向学校开具的退函，将因此造成的不良影响减到最小。

2. 违约调整要符合国家就业政策导向。

3. 学校审核同意毕业生个人违约后，毕业生提供新单位的接收函，重新办理相关手续。

四、劳动争议的解决

（一）劳动争议概述

1．劳动争议的概念

劳动争议又称劳动纠纷，是指劳动者与用人单位之间因履行劳动合同而发生的争执。

2．劳动争议的分类

（1）按劳动者人数划分，劳动争议分为个人劳动争议和集体劳动争议。个人劳动争议是指劳动者个人与其所在用人单位发生的劳动争议。集体劳动争议是指3人以上（含3人）有共同申诉理由的劳动者与其所在用人单位发生的劳动争议。

（2）按合同类型划分，劳动争议分为劳动合同争议和集体合同争议。劳动合同争议，是指因确认劳动合同效力和履行劳动合同而发生的争议。集体合同争议，是指因订立、履行集体合同发生的争议。

（3）按争议内容划分，劳动争议分为：因开除、除名、辞退职工和职工辞职、自动离职而发生的争议；因执行国家有关工时、工资、保险、福利、培训、劳动保护的规定而发生的争议；因履行劳动合同、集体合同而发生的争议；等等。

（二）劳动争议处理机构

1．劳动争议调解委员会

《劳动法》第八十条规定："在用人单位内，可以设立劳动争议调解委员会。劳动争议调解委员会由职工代表、用人单位代表和工会代表组成。劳动争议调解委员会主任由工会代表担任。"可见,劳动争议调解委员会是指在本单位内部依法成立的调解劳动争议的群众组织。

调解委员会的职责是:对职工进行劳动法律法规的宣传教育,做好劳动争议的预防工作;调解本单位发生的劳动争议;检查督促争议双方当事人履行调解协议。

2. 劳动争议仲裁委员会

《劳动法》第八十一条规定:"劳动争议仲裁委员会由劳动行政部门代表、同级工会代表、用人单位方面的代表组成。"可见,劳动争议仲裁委员会是指依法成立的行使劳动争议仲裁权的劳动争议处理机构。

地方仲裁委员会的职责:负责处理本委员会管辖范围内的劳动争议案件;聘任专职和兼职仲裁员,并对仲裁员进行管理;领导和监督仲裁委员会办事机构和仲裁庭开展工作;总结并组织交流办案经验。

3. 人民法院

人民法院是行使审判权的行政机关,劳动争议案件经过仲裁仍然不能解决的,可以由人民法院的民事审判庭受理。

(三) 劳动争议处理程序

《劳动法》第七十七条规定:"用人单位与劳动者发生劳动争议,当事人可以依法申请调解、仲裁、提起诉讼,也可以协商解决。"另外,根据《劳动法》第七十九条以及《中华人民共和国企业劳动争议处理条例》,劳动争议处理程序可以分为协商、调解、仲裁、诉讼四个阶段。当然,这些阶段并不是按先后顺序排列的,当事人可以依法选择。

1. 协商。《劳动法》第七十九条及《中华人民共和国企业劳动争议处理条例》第六条规定:劳动争议发生后,当事人应当协商解决,不愿协商或协商不成的可以向本单位劳动争议调解委员会申请调解。可见,协商不是处理劳动争议的必经程序,不愿协商的,可以直接向本单位劳动争议调解委员会申请调解。

2. 调解。《劳动法》第七十九条及《中华人民共和国企业劳动争议处理条例》第六条规定:调解不成的,当事人一方要求仲裁的,可以向劳动争议仲裁委员会申请仲裁;当事人一方也可以直接向劳动争议仲裁委员会申请仲裁。可见,调解也不是处理劳动争议的必经程序。

3. 仲裁。《劳动法》第七十九条及《中华人民共和国企业劳动争议处理条例》第六条规定:对仲裁裁决不服的,可以向人民法院提起诉讼。因此,仲裁是处理劳动争议的必经程序。

4. 诉讼。《劳动法》第八十三条规定:"劳动争议当事人对仲裁裁决不服的,可以自收到仲裁裁决书之日起十五日内向人民法院提起诉讼。一方当事人在法定期限内不起诉又不履行仲裁裁决的,另一方当事人可以申请人民法院强制执行。"

五、社会保险的有关知识

（一）社会保险的含义

社会保险是由国家通过立法，多渠道筹集资金，对劳动者在因年老、失业、生病、工伤、生育而减少劳动收入时给予的经济补偿，使他们能享有基本生活保障的一项社会保障制度。

（二）社会保险的种类

社会保险主要包括养老保险、失业保险、工伤保险、医疗保险、生育保险等，具有强制性。

1. 养老保险

养老保险，全称社会基本养老保险，是国家和社会根据一定的法律和法规，为解决劳动者在达到国家规定的解除劳动义务的劳动年龄界限，或因年老丧失劳动能力退出劳动岗位后的基本生活而建立的一种社会保险制度。养老保险是社会保障制度的重要组成部分，是社会保险五大险种中最重要的险种。

养老保险的目的是保障老年人的基本生活需求，为其提供稳定可靠的生活来源。

2. 失业保险

失业保险是指国家通过立法强制实行的，由用人单位、职工个人缴费及国家财政补贴等渠道筹集资金建立失业保险基金，对因失业而暂时中断生活来源的劳动者提供物质帮助以保障其基本生活，并通过专业训练、职业介绍等手段为其再就业创造条件的制度。

失业保险是社会保障体系的重要组成部分，是社会保险的主要项目之一。

3. 工伤保险

工伤保险，又称职业伤害保险。工伤保险是通过社会统筹的办法，集中用人单位缴纳的工伤保险费，建立工伤保险基金，对劳动者在生产经营活动中遭受意外伤害或职业病，并由此造成死亡、暂时或永久丧失劳动能力时，给予劳动者及其实用性法定的医疗救治以及必要的经济补偿的一种社会保障制度。这种补偿既包括医疗、康复所需费用，也包括保障基本生活的费用。

工伤保险的认定：劳动者因工负伤或因职业病暂时或永久失去劳动能力以及死亡时，不管什么原因，不管责任在个人或在企业，都享有社会保险待遇，即补偿不究过失原则。

4. 医疗保险

医疗保险一般指基本医疗保险，是为了补偿劳动者因疾病风险造成的经济损失而建立的一项社会保险制度。强制性地由用人单位与个人缴费，建立医疗保险基金，参保人员患病就诊发生医疗费用后，社会医疗保险机构按规定提供医疗费用补偿的一种社会保障制度。医疗保险具有社会保险的强制性、互济性、社会性等基本特征。

基本医疗保险制度的建立和实施集聚了单位和社会成员的经济力量,再加上政府的资助,可以使患病的社会成员从社会获得必要的物资帮助,减轻医疗费用负担,防止患病的社会成员"因病致贫"。

5. 生育保险

生育保险是通过国家立法规定,在劳动者因生育子女而导致劳动力暂时中断时,由国家和社会提供医疗服务、生育津贴和产假的一种社会保险制度,国家或社会对生育的职工给予必要的经济补偿和医疗保健的社会保险制度。我国生育保险待遇主要包括两项:一是生育津贴,二是生育医疗待遇。用于保障女职工怀孕、分娩期间以及职工实施节育手术时的基本医疗保健需要。

2019年3月6日,国务院办公厅印发《关于全面推进生育保险和职工基本医疗保险合并实施的意见》(下文简称《意见》),决定全面推进生育保险和职工基本医疗保险合并实施。生育保险与职工医保合并实施,并非取消生育保险,而是和职工医保统一参保登记、统一基金征缴和管理、统一医疗服务管理、统一经办和信息服务,不增加单位和个人缴费负担,参保人待遇不变,手续更加简化。

我们常说的"五险一金"中的"五险"是指养老保险、失业保险、医疗保险、工伤保险、生育保险。"一金"均指住房公积金。

其中养老保险、失业保险和医疗保险,这三种险是由企业和个人共同缴纳的保费,工伤保险和生育保险完全是由企业承担的,个人不需要缴纳。此外,部分机关、事业单位、企业是在"五险一金"的基础上,增加了"人身意外伤害保险+企业年金",又称"六险两金"。

思考与练习

结合实际,你认为《劳动合同法》对大学毕业生就业产生了何种影响。

第三节 大学生就业陷阱的防范

案例导入

2021年,毕业生小王在某求职网站发布求职信息。不久后,有人电话联系他,表示有一个到东南亚经营酒吧的工作,待遇优厚,并可提供机票和接机服务。小王依约乘飞机至云南西双版纳,与接应人员会合。奇怪的是,接应人员并未走官方边境通道,而是带着他翻山越岭、穿越边境,后又乘车近8小时抵达金三角特区。

到达目的地后,老板才告诉小王等人,这里根本不经营酒吧,而是专门从事电信诈骗。如果拒绝加入,就要当场拿出5万元作为来时路费,然后自己想办法回去。无力支付"赎金"的小王,只能暂时留下。

这个电信诈骗团队约有 20 人，老板将他们分为 4 组，各组组员收到"工作专用手机"后，以"工作专用账号"在各大社交软件上作为"聊手"撒网捕鱼。按照老板提供的"学习材料"上的套路，小王以 IT 工程师、"高富帅"等身份广泛结交网友，分享"致富"秘籍……

不久，小王"工作结束"后回国，一入境就被抓获，法院以诈骗罪判处小王有期徒刑一年三个月，并处罚金 3 万元。

启示：

目前，非法境外就业中介主要有以下类型：一是以出境旅游和商务签证代替务工签证，出境就业者没有工作许可证，相当于"打黑工"；二是无照经营的境外就业中介；三是无视任何限制收取高额中介费；四是非法中介机构无视广告法和有关劳动保障法规，乱发假广告，吹嘘境外就业能挣到高额报酬；五是非法境外就业中介机构为谋取经济利益无条件在国内招人。大学毕业生在收到工作地点为境外的招聘信息时，一定要高度警惕，避免上当受骗。

大学毕业生在就业过程中，会遇到各种竞争和挑战，例如，一些用人单位在招聘和用人的过程中不够规范，甚至存在一些违法行为。毕业生在求职过程中可能会遇到一些陷阱，只有善于发现和懂得如何应对这些陷阱，才能确保毕业生权益不受损害。

一、就业陷阱的类型

（一）虚假广告陷阱

一些用人单位在招聘会上为了招到条件较好的毕业生，会夸大或隐瞒自己的某些情况。例如：在发布招聘信息时，往往故意扩大用人单位规模和岗位数量，进行虚假宣传；把招聘职位写得冠冕堂皇，不是"经理"就是"总监"，但实际上却只是"办事员""业务员"，根本没有广告上写得那么诱人；还有一些用人单位为了做广告，造成轰动效应，虽然不想招人，却还是在媒体上发布招聘消息，甚至大张旗鼓地举办招聘会，把招聘当成了形象宣传。毕业生如果在这种用人单位上浪费了时间，可能会错失良机，错过真正适合自己的单位或岗位。

（二）传销陷阱

所谓传销，本是指生产企业不通过店铺销售，而由传销员将本企业产品直接销售给消费者的经营方式。该经营方式受到国家的严令禁止。现在的传销者首选对象常常是急于挣钱的打工者或者是刚刚毕业的学生，他们通过各种渠道得到欲骗对象的电话后，便打着同乡、同学、亲戚等幌子，以帮忙找工作为由，以高薪为诱饵，因人而异，投其所好，骗求职者进行非法传销活动。求职者一旦进入陷阱，便失去了人身自由，被迫从事传销，要么交高额入门费，要么被要求诱骗亲友购买高额传销产品。传销组织者还采取扣留身份证、控制通信工具、监视等手段不让受骗者离开，强迫他们联系亲友前来或者寄钱寄物，从中牟利，大学毕业生必须予以高度警惕。

（三）协议陷阱

就业协议是明确毕业生、用人单位在毕业生就业择业过程中权利和义务的书面协议。就业协议一经签订，对双方都具有约束力。按照有关规定，就业协议不能代替劳动合同或聘用合同，这样就可能在毕业生和用人单位之间产生纠纷。毕业生签订就业协议过程中常见的陷阱分为以下几种：

（1）用人单位不与毕业生签订就业协议书；

（2）用人单位不跟应聘者签订劳动合同；

（3）用人单位不将承诺写入合同；

（4）用人单位与毕业生签订"霸王合同"。

这类陷阱通常是由于当前的就业形势使相当一部分大学毕业生在就业市场上处于弱势地位，不少学生在就业时出于种种顾虑，对可能会使自己权益受损的条款不敢提出异议，甚至在签订就业协议的时候，单位要求附加补充协议，上面规定了学生所有的违约责任，而对单位如违约将承担什么责任只字不提；有些单位利用学生求职心切的心理对学生要求过多，造成学生在日后利益受损。尤其是在就业协议中，违约金的数额没有明确，完全由单位与学生协商而定，又由于学生维权意识的缺乏以及学生在求职过程中处于相对弱势地位，从而使得就业协议从某种程度上来说成为"霸王合同"。

（四）试用期陷阱

试用期是劳动关系的试验阶段，但绝非用人单位对劳动者的单方"试用"。我们这里所说的试用期，是指用人单位和劳动者为了相互了解而选择、约定的考察期。在这段时间里，用人单位考察劳动者的工作能力，劳动者也考察用人单位的情况，是双方互相试用的过程。但是，一部分用人单位正是利用试用期大做文章，主要表现为：试用期过长或与签订的劳动合同期限不符；要求毕业生在试用期内承担违约责任；在试用期内无正当理由辞退毕业生；以见习期代替试用期；约定两个试用期；续签劳动合同时重复约定试用期；将试用期从劳动合同期限中剥离；仅仅订立一份试用期合同；试用期工资低于当地的最低工资；试用期内单位不缴纳社会保险费等。

一般来说，单位用人有试用期是正常的，试用期的薪水一般都不高，等到转正之后，薪水会有较大幅度提高。很多公司为了使用廉价劳动力，抓住毕业生急于找工作的心理，堂而皇之地打出试用期的牌子，看起来非常规范，待试用期一过，就以种种理由告诉求职者不符合录用条件将其解聘。这样的公司不断地解雇毕业生，毕业生永远不会成为正式员工。

（五）收费陷阱

当前，在就业市场中，一些用人单位利用毕业生求职心切的心理，设立各种名目向毕业生收取各种不合理费用，如风险抵押金、违约金、培训费等。一些单位可能规模不大，薪水不高，但是开出了一些诱人的条件。例如，在某些大中城市工作，或者能解决这些大中城的户口问题。希望留在大中城市工作的学生很容易被这样的条件迷惑。双方谈得差不多了，单位又表示，为了增加双方的信任，学生在工作之前必须交押金。等学生交完押金，工作一段时间后，单位的有关人员就表示，聘用之初说定的工作岗位要有些调整，可能把你派到偏远地区或冷僻部门，而这些地方是学生肯定不愿意去的。单位算准了学生不愿意去，便以不服从单位安排、主动毁约放弃岗位等理由扣押学生押金。

（六）薪酬陷阱

所谓薪酬陷阱，是指用人单位在招聘时以优厚的待遇吸引前来求职的毕业生，等到其正式上班时，招聘时的承诺则以种种理由不予兑现；或是针对薪酬中的一些不确定收入，进行虚假或模糊的承诺，最终不能兑现，或者"缩水兑现"。

（七）智力陷阱

有些单位按程序假装对应聘毕业生进行面试，再进行笔试。在面试、笔试时，把本单位遇到的问题以考察的形式要求前来应聘者作答或设计，待毕业生利用专业优势完成其承担的项目后，再找出各种理由拒绝毕业生，结果无一人被录用，用人单位却将应聘者的劳动果实据为己有，使毕业生陷入智力陷阱。

典型案例

求职心切也需擦亮双眼

小赵，22岁，今年7月刚从某高职学院毕业，看着周遭的同学都已找到了满意的工作，自己几个月来却一直处于失业的状态，心中十分着急。应聘了多家单位，单位均以没有工作经验为由而婉拒他。他总觉得刚毕业的大学生在劳动力市场，有"矮人一截"的感觉。

上个月，他看到某网络公司招聘网络管理员岗位，并在介绍中说明"无经验也可"，小赵不假思索就到这家公司填写了登记表，并对招聘公司的背景一概不问，面试人员跟他说什么他都答应，面试人员在面试过程中提出要收取报名费、培训费等一系列费用，小赵由于急于得到这份工作，便交了钱，也没留下任何票据，便回家等消息。

小赵等了一个月，该公司仍然没有给他任何回音，他来到公司要求退钱，但由于拿不出任何凭据，只能无奈走人，工作没找到，连钱也被骗去了不少。

提醒：时值应届毕业生求职旺季，不少学生求职心切，疯狂"海投"简历，对于所应聘单位的背景资料也不详加了解，就盲目前往；甚至不少学生为了表示自己应聘的诚意，对企业提出的一些近乎苛刻的要求也照单全收。一些不法企业正是利用了应届毕业生这种心理，设下种种圈套。

找工作是需要耐心、细心的，应聘每一个岗位都要多方面、多渠道详细了解相应企业的情况及背景，看看企业是否正规，业务是否合法，企业是否拥有合法的营业执照和经营许可证，是否有投诉、不良记录等。了解企业情况的方法有很多，在网上搜索查询就是其中的方法之一，如可在工商局等网站或网络搜索引擎中输入应聘企业名称搜索查看企业有关信息。此外，劳动保障部 2000 年颁布的《劳动力市场管理规定》中明确规定：禁止用人单位招用人员时提供虚假招聘信息；向求职者收取招聘费用；向被录用人员收取保证金或抵押金；扣押被录用人员的身份证等证件；以招用人员为名牟取不正当利益或进行其他违法活动；等等。

二、就业陷阱的应对措施

在就业市场上，大学生是一个相对弱势群体。由于就业法规、就业市场和大学生自身素质等方面的不完善，大学毕业生们所遇到的困扰，并不仅仅包括以上几种。因此，毕业生在就业过程中，一定要采取相应措施，努力防范和应对就业陷阱。

（一）仔细鉴别各类就业信息，有效识别就业陷阱

毕业生对来自不同招聘渠道的信息，要有不同的处理方法。对就业信息的真伪要有一定的辨别力，这样才能有效识别就业信息的陷阱。一般来自学校就业网站和校园招聘会的信息是最可信赖的，但学校就业部门毕竟只能起一道"防火墙"的作用，要真正甄别真假，还要自己多了解；对信息量大的网上招聘不能轻信，真正比较权威的网站应该是在政府人事部门、教育部门有链接的官方网站；对社会上举办的招聘会不能"漫天撒网"，应该有的放矢，否则会有让自己的简历落入非法中介机构的风险；在得到应聘机会时，要注意从多方面了解应聘单位是否合法规范，比如可从工商局注册管理网站上查找该单位的信息，从已就业的前辈那里了解该公司的声誉，在参加面试时观察该单位的工作氛围、人员素质等。

（二）了解国家有关就业的政策和法律法规，切实提高自身法律意识

毕业生应了解目前国家关于毕业生就业的有关方针、政策和法律法规，以及它们之间的关系，熟悉毕业生在就业过程中的权利和义务。如果在就业过程中因为所谓的公司规定或部门规定与国家政策法规有抵触，侵犯了自己的权益，则可以依据法规办事，维护自己的合法权益。一般来说，《中华人民共和国劳动法》《中华人民共和国劳动合同法》《普通高等学校毕业生就业工作暂行规定》以及高校所在省（市）就业政策、地方性法规等，毕业生都应该有所了解和熟悉。

（三）端正就业态度，平等地与用人单位交往

尽管面临严峻的就业形势，但毕业生在求职中，决不能低三下四、任人摆布，更不应怨天尤人、听天由命，而应积极主动，有尊严、有信心地与招聘单位进行平等交往。求职与招聘是一个双向选择的过程，双方是平等的，只有双赢，才真正有利于双方。毕业生一定要尽可能地了解用人单位情况，特别是对自己所关心的薪酬标准、岗位安排、住房补贴、试用期等具体问题，不清楚的地方要问明白。遇到薪酬问题时，应先与用人单位界定薪酬的上下限，尽量使他们减少承诺薪酬中的"不确定成分"，并协商支付方式。

（四）慎重签订就业协议书，注意约定条款的合理性

就业协议书是学校、学生、企业三方的协议书，是由国家教育行政主管部门规定的统一格式的文本，属意向性协议。应该注意的是，就业协议书虽然不是劳动合同，但也牵涉违约金的问题，所以签订协议之前也要三思而后行。在签协议前，毕业生除了要了解和掌握国家就业政策和规定、明确就业单位的具体工作部门和工作岗位、全面了解用人单位外，还应该进一步明确双方的权利和义务，注意约定条款的合理性。有些单位与毕业生签订就业协议书时会附加补充协议或增加某些条款，进一步明确用人单位与毕业生之间的权利和义务。这些内容，具有毕业生进入用人单位后需要签订的劳动合同的性质。毕业生在签订这些条款时，一定要仔细研究，力求了解条款的内容和含义，如有不清楚的可向用人单位和老师咨询，以免日后发生争议。如有的用人单位急需人，要求毕业生毕业前就到单位报到上班，有的单位要求的违约金很高，毕业生都要考虑自己能否承受。对违约行为，教育部在有关文件中，明确规定违约一方必须承担违约责任，并支付一定的经济赔偿，但并没有规定明确的数额，因此，各学校与用人单位在执行中就有不同数额的差别。对此，毕业生在与用人单位签约前，除了学校的规定外，还应与用人单位进行协商，对可能发生的违约责任进行确定，对赔偿金额予以明确，以便任何一方发生违约时，都可以有据可依，避免无谓的损失。

此外，毕业生签订就业协议书时，也要注意与劳动合同的衔接。毕业生就业协议签订在先，为了使约定条款与日后订立的劳动合同一致，应尽量将劳动合同的内容体现在就业协议的约定条款中，并明确表示在今后订立劳动合同时予以确认。若事先无约定，日后毕业生对劳动合同的有关内容达不成一致意见而不愿到该单位工作，毕业生就要承担违约责任。

三、大学生保护个人权益的注意事项

大学毕业生在遇到就业方面的各种侵权行为时，除了要采取安全的应对策略，避开就业陷阱，还要掌握相应的自我保护措施，保护自身的合法权益不被侵害。

（一）预防侵害自身合法权益行为的发生

大学生在就业求职过程中，应本着诚实、信用、平等的原则，以自身的实力参与竞争。同时，要有风险意识，对于一些用人单位使用虚假广告、高薪待遇等欺骗手段招聘的做法，要有提防戒备心理，预防侵害自身合法权益行为的发生。

（二）自觉遵守就业规范

在就业过程中，大学毕业生应自觉遵循就业规范和相应的规则。根据相关规定，当大学毕业生有下列情形之一时，学校不再负责提供就业服务。

（1）不顾用人单位需要，坚持个人无理要求，经多方教育仍拒不改正。

（2）已签订《就业协议书》，但无正当理由超过 3 个月不去就业单位报到。

（3）去就业单位报到后，因不服从安排或提出无理要求被用人单位退回。

（三）维护自身合法权益

在就业过程中，大学毕业生不可避免会遇到一些不公平现象，使自身的正当权益受到侵害。此时，大学生要敢于拿起法律武器据理力争，将自己置于与用人单位平等的地位。在实际维护自身合法权益的过程中，大学毕业生除依靠个人的力量，还可以通过寻求学校帮助、向国家行政机关投诉、借助新闻媒体和寻求法律援助等方式来维护自己的合法权益。

思考与练习

结合本节内容，谈谈大学生应如何识别求职陷阱。

第八章 大学生自主创业

思政目标

- 聪明睿智，培养独到的发现机会的敏锐意识。
- 多向兼顾，锻炼全面的创业素质。

学习目标

- 能识别并把握创业机会。
- 对创业环境有基本的判断。
- 了解实施商业计划的一般流程。

第一节 大学生创业现状与趋势

案例导入

阿强，互联网某零食品牌创业者。零食电商正值当年的风口，该品牌背靠产地的贴牌模式风光无限，电商与微商齐头并进。然而想从巨头口中分一杯羹，除了商品的品质与差异化，就剩价格。巨头们一轮又一轮的巨额融资让阿强在强烈的竞争下成了炮灰，创业的第6个月即告破产。

阿芳，理想主义创业者。去过丽江的人，都愿意留在丽江，一抹夕阳、一间民宿、一只猫，是多少人的毕生所愿。阿芳卖掉了房，凑足了所有积蓄，找了座老房子，亲力亲为地为其布置装修。然而客源少，空房率高，运维成本高，阿芳的梦想破碎于创业的第289天。

启示：

在很多人眼中，没有拿到风投就是失败的。但对于更多的创业者而言，风投遥不可及，他们大多是用自己乃至家人的积蓄，为自己的梦想买单。当今时代，无数年轻人都怀揣着一颗躁动的心，梦想着能够一夜之间成为马云一样的人物，功成名就、风光无限。整个社会不断推陈出新的创业风口，不断刷新纪录的融资金额占据了媒体的头条，潜移默化地告诉时下所有人——想致富，先创业。但创业有那么简单吗？上面的主题故事告诉了我们，创业成功没有固定的模式，没有照抄的作业。

随着形势的进展和认识的提高，越来越多的优待政策和措施有利于毕业生创业，越来越多的毕业生认识到自主创业是对自己能力的挑战，因此越来越多的毕业生走上自主创业之路。

一、大学生创业出现良好态势

（一）大学生创业得到了各级政府的高度重视和社会各界的大力支持

作为实现大学生充分就业的一种方式，大学生创业日益受到社会的高度关注和各级政府的充分支持。各省、市相继出台了许多鼓励大学生自主创业的优待政策，为大学生自主创业制造了条件，旨在进一步鼓舞和引导大学毕业生走创业之路。对自主创业的大学生，在小额贷款、工商税务减免、行政事业性收费等方面都有明确的优待措施。各高校也纷纷开展创新创业大赛等活动，培养了大学生创新意识和创业能力，创业已成为许多大学生的就业方向。

（二）大学生创业有效实现了理论与现实产业的结合

大学生创业不仅能为全社会营造出一种鼓励科技创新的氛围，还能直截了当推动科技成果的产业化。从当前大学生实现创新创业的平台来看，如教育部组织的中国国际"互联网+"大学生创新创业大赛和共青团中央组织的"挑战杯"创新创业大赛，许多大学生创办的企业既实现了专业对口，又有效激活了人才资源和科技资源，使许多新知识、新技术能够迅速地转化为现实的产业。从专业契合度看，大学生所选行业多与自己的专业特长相关；从行业分布看，多数分布在软件开发和网络服务、家教培训、广告设计、科技创新、种植养殖、旅行及餐饮服务、生产加工制造、零售业及其他行业等；从创业形式看，既有几名大学生合伙创业，也有自主创业，还有家庭成员参与创业。实践证明，合伙创业是最多也是最好的创业形式。

（三）大学生创业带动了一大批人就业，实现了人生价值

大学生创业确实是高水平的就业，不仅能让大学生自己就业，还能带动一大批人就业，帮助社会解决就业问题，同时制造利润、服务社会。如自主创业典型崔小花，从摆地摊卖小花伞、办小超市起步，到承包280亩土地，再到建成集科技示范、林果种植、苗木繁育、特色养殖、农业观光、度假休闲、生态餐饮于一体的绿色园区，其固定资产已过千万元，带动了200多人就业。崔小花在给大学生作报告时说："大学生创业是超越自我，将聪慧才智最大限度地转化为社会需要，实现人一辈子价值的最好途径。"

二、大学生创业难在何处

（一）有创业激情，但心理预备不足

从创业失败的情形看，许多大学生创业热情高，但缺乏吃苦和坚持不懈的心理预备。一是缺乏耐心。在创业之初人手少，创业者不得不同时担任多种角色，既疲劳不堪，又常常不能适应，有的在苦恼中就草草收场。二是缺乏资金。有的家庭供小孩读书已属不易，自主创业是笔额外的风险投资，与工薪家庭的投资回报期望相差甚远，从而导致家庭对学生创业的不理解、不宽容、不支持。三是缺乏社交能力。有的大学生不擅长与社会各方面打交道，有的几次碰壁后就心灰意冷，打消了创业的念头。

（二）有创业项目，但筹措资金较难

资金不足是刚走出校门的大学生创业的首要难题。有的虽选定了项目和进展方向，但对白手起家的大学生来说，资金来源除向家人、亲戚、朋友借款外，大部分需要通过银行的小额贷款来解决。但在实际创业过程中，有的学生不知道有小额贷款，多数学生认为从银行贷款手续太繁杂，再加上找不到担保人等因素，舍弃了贷款，只有小部分的毕业生通过贷款创业。

（三）有创业优势，但缺乏创业体会

许多大学生创业者既不了解创业的相关政策，也没有在相关企业的工作、实践经历，缺乏能力和体会，眼高手低，对创业的期望值较高。仅凭自身的技术优势，对公司的经营理念、财务治理、风险意识和市场开拓等方面缺乏一定的体会与相关的知识，致使有的毕业生创业一两年了，公司的业务并未有多大的进展，有的甚至弄得血本无归。

（四）有创业想法，但就业观念挡路

由于传统就业观念的阻碍，许多家长并不支持孩子走自主创业之路，总是想方设法让他们进大都市、大机关、大企业工作，其心情是能够理解的，但家长应该意识到，真正具备独立自强能力才是孩子成长最宝贵的财富。调查发现，许多高校一个班级（50人左右）找不到一个毕业后有自主创业意向的，因此，我国大学生创业比例低，尽管原因是多方面的，但最关键的依旧是观念的束缚，导致缺乏创业理念和创业胆识。

三、影响大学生自主创业的因素和动力分析

（一）偶像崇拜

当前，很多大学生都将比尔·盖茨、马云等创业型名人作为自己的偶像，从他们创业的故事中收获了很多激情和灵感，对大学生的人生观、价值观和世界观产生了深远影响，使其纷纷效仿，希望自己有一天可以像这些名人一样创造行业辉煌，成就一番事业。

（二）经济效益吸引

由于就业形势较为严峻，一些大学生迫不得已选择薪酬较低、专业不对口的岗位，较低的待遇使大学生抱有"怀才不遇"的感觉，他们更加希望通过自己的努力，创造属于自己的事业，获得更高收入，而不是循规蹈矩、以工资度日。

（三）实现自我价值

"00 后"是颇具个性的一代，他们相对于"70 后"和"80 后"来说，更加富有主见，希望能够通过有意义的工作来实现人生价值。他们在企业中无法施展自己的抱负，而自主创业可以为他们提供更加广阔的空间，使他们能够在社会上通过打拼和努力，让自己的智慧和能力得到认可，达到实现自我价值的目的。

（四）时间相对自由

对于大部分大学生来说，时间自由是他们选择自主创业的主要动力。很多大学生不希望自己的时间被剥夺，更不希望业余时间也被加班占据，他们更希望科学利用时间，做更多有意义的工作，提升时间的使用效率。

四、大学生创业的未来发展趋势

（一）大学生创业将获得政府与社会的支持

近年来，政府加大了对大学生创业的扶持力度，先后出台了针对大学生创业的新政策，积极开展大学生自主创业的培训工作，将大学生创业与当地经济发展相结合，为自主创业的大学生提供银行贷款、专业指导等服务，帮助大学生成功创业。除了政府以外，高校和社会也对大学生创业投入了更多关注，很多地区和高校定期举办"大学生创业大赛"，激发大学生的创业热情，使大学生自主创业形成规模，进一步得到发展和落实。

（二）越来越多的大学生将选择创业

随着大学连年扩招，全国普通高校毕业生人数逐年增加，而社会需求基本上保持扩招以前的水平，且许多岗位需要应聘者具有工作经验。"21 世纪主要的失业者将是大学生"，这个预言将很快变成现实。在就业越来越难的背景下，自主创业已经成为大学生新的选择，已逐步成为市场洪流中一股新的力量，是潮流，也是不可阻挡的一种趋势。创业不但是一种就业，而且还可以为他人创造就业岗位。第二届国际职业教育大会明确指出"就世界范围而言，21 世纪有 50%的大学生要走自主创业之路"，不远的将来，大学生自主创业将形成气候。

（三）大学生的创业行为将更加理智

对于大学生来说，自主创业不仅能够实现自我价值，也是非常重要的就业途径，目前，越来越多的人开始认同大学生创业的重要性，自主创业已经成为非常普遍的现象。随着自主创业的大规模普及，大学生的创业行为将更加趋于理智。在前期的自主创业中，很多大学生都没有正确认识到自己的能力，仅凭借一时冲动而走上创业道路，最终发现创业并不像自己想象中的那样简单，如果经营不善，很可能导致创业失败。随着大学生自主创业培训服务的增加，大学生开始理性地思考自己的行为，认真对比自主创业与就业，根据自己的实际情况来进行选择，而不是一味地跟随创业潮流，从而使大学生创业的成功率提升。当前，很多大学生都会制订一份详细的创业计划并对其可行性进行分析，再投入生产经营，使得自主创业的随意性降低，创业过程中需要的各种要素都能够科学管理，从而使创业蓝图得以实现。

知识拓展

一、完善政策措施。人是创业的决定性因素。我省先后出台下发了《江西省人民政府关于推进大众创业万众创新若干政策措施的实施意见》（赣府发〔2015〕36号）、《江西省人民政府办公厅关于支持农民工等人员返乡创业的实施意见》（赣府厅发〔2015〕48号）、《江西省人民政府关于做好当前和今后一段时期就业创业工作的实施意见》（赣府发〔2017〕33号），涉及体制机制、创业环境、金融支持、载体建设、创业服务等，着力营造宽松的政策环境、政务环境、制度环境，激活创业因子。

二、加强创业培训。我省积极为有创业意愿和培训需求的各类群体开展创业培训，帮助提升创业能力，促进成功创业。2018年，共为14.46万人开展了创业培训。2019年，我厅联合省财政厅下发了《关于印发〈江西省就业补助资金职业培训补贴管理办法〉的通知》（赣人社发〔2019〕3号），将高等学校和职业院校非毕业学年的在校生参加创业意识培训、在我省登记注册经营3年内的企业法人或自然人等初创企业经营者参加改善你的企业培训、基层服务工作的高校毕业生参加就业技能培训，将创业培训纳入培训补贴范围，并按规定落实培训补贴。同时，丰富了创业培训课程体系，提高了职业培训补贴标准，降低了符合培训补贴条件的各类群体的培训成本，增强了参加培训的积极性和主动性。

三、加大资金扶持。我省在国家规定创业担保贷款10类对象的基础上，将其他合法创业人员均纳入江西创贷政策扶持范围。提高贷款额度，将个人最高贷款额度从10万元提高到15万元，并将人才创业的个人贷款额度提高到20万元，合伙或组织起来共同创业的最高贷款额度从80万元提高到90万元，小微企业的最高贷款额度从400万元提高到600万元。对还款积极、带动就业能力强、创业项目好的借款个人和小微企业，可继续提供创业担保贷款扶持，最多可达3轮。开发"创业百福e贷""创业微信贷"移动端平台、网页版线上申请服务平台。推行15万元以内的贷款最多1名反担保人，试行自然人反担保、三户联保等反担保措施，同时对符合条件的高层次人才、高技能人才创办小微企业贷款额度在100万元以内的原则上免除担保、反担保手续。《中国劳动保障报》、G20创业圆桌对话会等宣传和推广江西创贷经验，举办创业担保贷款发放量突破千亿系列宣传活动，在全省分片举办5场创业担保贷款服务进校园活动。2018年，全省新增发放创业担保贷款138.9亿元，通过创业担保贷款直接扶持个人创业10.2万人次，带动就业36.7万人次，还款率达99.94%。

四、开展创业活动。举办"江西省青年创业风云人物"评选活动，列入省政府表彰项目，评选出首届"江西省青年创业风云人物"10名，给予相应奖励，并组织巡回宣讲。连续举办五届"大学生创业公开课"，组织青创成长型项目参与路演，企业家导师现场指导，成功挖掘孵化项目。牵头举办"中国创翼"创业创新大赛，联合举办"创青春"、大学生互联网等大赛，同时，开展"大赛+政策+培训+创贷+孵化"等服务。推选具有发展潜力和示范带动作用的初创企业经营者，并资助其参加高层次进修学习或交流考察。与此同时，围绕活动的开展，通过新华社、江西日报、江西卫视等主流媒体进行宣传报道，还利用网络媒体、微信公众号、官方微博直播等方式，吸引观众在线观看创业活动，扩大活动影响力。

思考与练习

产生创业想法

1. 请利用下面的物体，尽可能提出更多的创业想法，填入下表中：

物体	创业想法	补充说明
旧图书		
旧电脑		
矿泉水瓶		
汽车轮胎		
一次性纸杯		

2. 在上述的创业想法中，对你而言，最可能成功的一个想法是：

_____

第二节　创业环境和创业机会

案例导入

最初，共享单车是几个北大毕业生在校园里推出的一个项目，主要目的是解决师生短途出行的问题。后来，这个概念走出校门，在市场上掀起一阵热潮。2016年年底，共享单车突然红遍中国，各种品牌的单车出现在许多城市的大街小巷。共享单车迅速地覆盖到国内各个城市，一时间有70多家共享单车企业涌入市场，各类共享单车拿着投资人的钱开始铺天盖地地线下投放。大量市场资本投入共享单车业务当中，这也使得共享单车企业没有意识到成本的负担。从2016年发展至今，共享单车行业一直未形成稳定的收益，有些早期的共享单车品牌或者公司，比如OFO、摩拜，已经倒闭，欠全国广大用户大量押金无法退款，只剩一地鸡毛，给那个伟大的创意空留一声叹息。

启示：

没有最正确的领域，所选择的领域和项目是否合适只有自己知道，不是说别人做了那个行业成功了，就证明你做这个行业是正确的。任何决策都不能跟风，人云亦云，这也是创业者最常犯的毛病。创业要根据自己的实际情况，因此，所选择的行业也要根据国家政策倾向和整个市场方向去选择。不是人人都适合创业。创业是一个高难度、高风险的工作，创业永远是少数人去挑战的。创业需要扎实的商业逻辑做支撑，学习创业课程，也是培养一个人系统思考问题的有效途径。

创业环境日新月异，一个时代的来临促成了一种商业模式的盛行，作为创业者，在创业前需要从政治环境、经济环境、市场环境和时代发展的大环境出发，不断分析与挖掘创业商机，创新观点与思维，匹配商业资源。共享经济究竟能带来多少创业商机？未来还将如何演进，会对我们产生什么样的影响？这些都需要创业者们去探寻和思考。

一、创业环境

（一）创业环境的概念

创业环境，是指围绕创业者的创业和发展的变化，并足以影响或制约创业行为的一切外部条件的总称。一方面指影响人们开展创业活动的所有政治、经济、社会文化诸要素；另一方面指获取创业帮助和支持的可能性。

创业环境是这些因素相互交织、相互作用、相互制约而构成的有机整体。创业者的创业过程并不仅依靠某一方面的推动，也不仅是某一种因素作用的结果，它的运作需要各方面环境的支持。

（二）创业环境的特征

1．整体性

创业环境是一个由各要素相互作用、相互联系而组成的有机整体，创业环境的各要素也是相互联系、相互影响而存在的。由于创业环境具有整体性的特征，在研究创业环境的时候，应该运用系统的原则和方法，从整体的角度来考察创业环境，不能割裂各要素之间的联系，要从创业环境的整体去研究个体要素的表现。

2．主导性

在创业环境的各要素中，总有一个或几个要素在某一阶段的发展中居于主导地位，即在创业环境这个整体中规定和支配着其他的要素。因此，对主导要素的研究具有特别重要的意义。

3. 可变性

区域环境和创业环境都是不断发展变化的，包括经济结构的调整、政治制度的优化、市场需求的变化、消费水平的提高等，这些都极大地影响着创业环境，使创业环境始终处于不断变化的过程之中，并且逐步趋于完善。因此，必须用动态的观点来看待、研究创业环境，才能正确认识创业与创业环境之间的关系。

4. 差异性

差异性是指地区的差异。创业环境是个空间概念，所在的区域不同，内容也不尽相同。区域政治、经济、文化等方面的差异，决定了创业环境的地区差异。

二、创业环境的分类

（一）按创业环境的构成要素分类

从宏观层次看，可以分为经济环境、政治法律环境、科技因素、商务环境、教育环境、社会文化环境以及自然环境等几个方面。

（二）按创业环境的层次分类

创业环境是有层次的，形成一个分级系统。宏观环境指一国或一个经济区域范围内的创业环境；中观环境是指某个区域或城市、乡镇的创业环境等；微观环境是指企业的文化氛围、团队合作精神、创新精神等。

（三）软、硬环境之分

硬环境是指创业环境中有形要素的总和，如有形基础设施、自然区位和经济区位；软环境指无形的环境要素总和，如政治、法律、经济、文化环境等。

硬环境是创业的物质基础，软环境在创业过程中变得越来越重要。在一定时期内，硬环境的变化是有限度的，而软环境的改善能够弥补硬环境的缺陷，提高硬环境的效用，最终成倍提高整体环境的竞争力。

三、大学生要实现自主创业需要分析的一些创业环境

现在大学生创业应该是有很多机会的，虽然过程中存在很多的困难，但是也会有巨大的回报。创业环境对于大学生创业有十分重要的影响，在日益严峻的就业形势之下，大学生要实现自主创业就要认清这些创业环境。

（一）大学生创业环境分析

大学生要实现自主创业，其所面临的环境可以概括为宏观和微观两种不同的方面。所谓创业环境，实际上就是创业活动的舞台。任何创业活动都是在一定的社会环境下进行的，在大学生迈向社会进入创业阶段的时候，呈现在其面前的就是一个巨大的时空舞台。在这个舞

台上，诸多事物和要素互动联系、碰撞，形成了一个面面俱到的现实环境系统，因此创业环境对大学生创业具有十分重要的影响。在大学生就业形势日益严峻的社会背景下，采取有效措施，为大学生创业营造良好的环境，对促进大学生创业并带动就业具有十分重要的作用。

（二）宏观环境分析

1．关于金融财政方面的资金支持

现在一些地方政府解决这一问题的方法通常是专项资金扶持和贴息贷款，通过这种途径在短期内扶持多数创业人。政府为大学生自主创业提供各方面的保障，主要可以采用经济、行政以及法律的手段。如：简化不必要程序；建立创业教育培训中心，免费为大学生提供项目风险评估和指导；尽快落实国家针对大学生创业税收减免的相关优惠政策；大学生创办的企业被认定为青年就业见习基地的，可享受市有关补贴；等等。

2．创业的相关培训

这也是比较重要的方面。政府部门除在资金上支持大学生创业外，还通过学校等教育机构对大学生进行创业培训。培训内容包括申请贷款程序、创业者应具备的心理素质、基本的金融知识等。通过系列培训，使创业大学生能坚持理想，贯彻计划，取得最终的成功。学校环境方面，如：学校政策鼓励支持，形成创业的文化；在学校建立配套科技园，加强创业教育，通过创业实践或比赛等多种形式，培养大学生创业能力。同时向大学生适度开放校内市场，以利于大学生创业实践，搭建创业服务平台。

3．宽容地对待创业失败

任何人都无法保证一次创业就可以成功。对于创业失败的大学生，审查机构可审查其非人为故意造成的，建议免除其所贷资金的利息，并可相应放宽其还贷期限。对于希望重新创业并提交可行计划的，建议可在其未还清所欠贷款的情况下，再次提供其无担保贷款。以此营造宽容失败、鼓励创业的社会环境。大学生毕竟很年轻，即使失败了，他们也能有一定的心理承受能力，而社会和家庭也对他们多一些理解和包容。

（三）微观环境分析

1．创业之初需要制订一份切实可行的创业计划书

以要在市区开一个卖牛仔裤的店为例。开店之前要制订一份计划书。制订营销计划时要将各个环节相互联系构成一个完整的内部环境，各个环节的分工是否科学，协作是否和谐，目标是否一致，都会影响营销决策和营销方案的实施。

2．创业其实最终就是服务顾客

创业就是从顾客中获得一定的收益。顾客群的不同将直接影响价格的定位，所以人流量是在创业前最需要看重的一点。服装的主要客户人群非常广泛，不论年龄，目标是让每一个进店的顾客都可以找到自己喜欢的牛仔裤。

3. 创业过程中的货品选择以及进货的渠道至关重要

选货要掌握当地市场行情：出现哪些新品种，销售趋势如何，存量多少，价格涨势如何，购买力如何？进货时，首先到市场上转一转、看一看、比一比、问一问、算一算、想一想，以后再着手落实进货。先少进试销，然后再适量进货。新店开张时款式一定要多，给顾客的选择余地才更大。

4. 供应商的选择也是创业过程中需要注意的一些方面

供应商是指为企业及其竞争者提供生产经营所需资源的企业或个人，包括提供原材料、设备、能源、劳务和其他用品等。因为大学生的资金比较匮乏，没有很大的进货量，所以应当根据自己的店面大小选择合适的供应商。

最后还有一个方面就是产品的价格定位，因为大学生开始创业的时候并没有太多的社会人脉，也就是说没有固定的消费者，要想吸引到消费者就需要在价格上做文章。总之，这些方面都是现在大学生创业的一些宏观和微观的环境。

四、创业机会的内涵与特征

（一）创业机会的内涵

1. 某个市场可以持续为购买者或使用者创造或增加价值的产品、服务或者某种需求，它具有吸引力、持久性和适时性。

2. 创业者可以满足或者提供上述产品、服务或者需求，并存在能以高于成本价出售的情况。

3. 是一种新的"目的—手段"关系，创业者持有能力、资源，能为经济活动引入新产品、新服务、新原材料、新市场或新组织方式。

4. 具有较强吸引力的、较为持久的、有利于创业的商业机会，创业者借此为客户提供有价值的产品和服务机会，同时使自身获益。

综上所述，我们可以得出较为全面的概念：创业机会，是指在当前市场经济条件下，社会的经济活动过程中形成和产生的有利于企业经营成功的各种因素，是一种带有偶然性并能被经营者认识和利用的契机。

（二）创业机会的特征

1. 普遍性。但凡是有市场存在、有经营、有市场竞争的地方，客观上就存在着创业机会。创业机会普遍存在于各种经营活动过程之中。

2. 偶然性。创业机会大多数情况下是偶然行为，它的发现和捕捉带有很大的不确定性，人们很难捕捉到它，有的时候越是刻意地去寻找创业机会，它越是隐藏得很深。任何创业机会的产生都有"意外"因素。

3. 易逝性。正所谓"机不可失，时不再来"，说的就是机会稍纵即逝，创业机会存在于一定的时空范围之内，随着产生创业机会的客观条件的变化，创业机会会相应地消逝和流失。创业机会最显著的特征是易逝性。

4. 隐蔽性。生活处处充满机会，机会每天都无数次地与我们擦肩而过，可惜的是大多数人意识不到它的存在。这就是机会的隐蔽性，创业机会更是如此，能否抓住创业机会，主要是看创业者是否具有"慧眼"。

五、创业机会的来源

（一）技术更替潜存的商机

世界产业发展的历史告诉我们，几乎每一个新兴产业的形成和发展，都是技术创新的结果。技术机会指现有的技术规范程度和性能存在更新改进的极大的可能性，也包括全新的技术出现和应用。当技术更新和新技术出现时，产业的变更或产品的替代，既满足了顾客需求，也为创业者提供了前所未有的创业机会。

多数技术的出现对人类都有利弊两面性，即在给人类带来新的利益的同时，也会给人类带来某些新的灾难。这就会迫使人们为了消除新技术的某些弊端，再去开发新的技术使其商业化，也会带来新的创业机会。

（二）政策变化带来的商机

政府政策变化会赐予创业者商业机会。随着经济发展、技术变革等，政府必然也要不断调整自己的政策，而政府政策的某些变化，就可能给创业者带来新的商业机会。

（三）市场需求变化蕴含的商机

市场需求蕴含的创业机会，一般来看，主要有以下四类。

1. 市场上出现了与经济发展阶段有关的新需求。相应地，就有企业去满足这些新的需求，这同样是创业者可以利用的商业机会。

2. 当期市场供给缺陷产生新的商业机会。非均衡经济学认为，市场是不可能真正"出清"，达到供求平衡的，总有一些供给不能实现其价值。因此，创业者如果发现这些供给结构性缺陷，同样可以找到可利用并创业的商业机会。

3. 先进国家（或地区）产业转移带来的市场机会。从历史上看，世界各国各地的发展进程是有快有慢的。即使同一国家，不同区域的发展进程也不尽相同。因此，在先进国家或地区与落后国家或地区之间存在"成本差异"，再加上经济发展到一定程度时，环保问题往往会被先进国家或地区率先提到议事日程上。所以，先进国家或地区就会将某些产业向外转移，这就可能为落后国家或地区的创业者提供创业的商业机会。

4. 从中外比较中寻找差距，差距中往往隐含着某种商机。通过与先进国家或地区比较，看看别人已有的哪些东西我们还没有，这"没有的"就是差距，其中就可能发现某种商业机会。

六、创业机会的评估

由于所有的创业机会都存在着一定的风险和失败的因素，即使发现了也不要盲目兴奋和乐观，创业者要对发现的创业机会进行准确判断和评估，这是创业成功的前提和基础。

评估的准则有两种，分别是市场评估准则和效益评估准则。

（一）市场评估准则

1．市场定位

评估创业机会的时候，可由市场定位是否明确、顾客需求分析是否清晰、顾客接触通道是否流畅、产品是否持续衍生等，来判断创业机会可能创造的市场价值。创业带给顾客的价值越高，创业成功的机会也越大。

2．市场结构

对创业机会的市场结构进行五项分析：进入障碍、供货商、顾客、经销商的谈判力量、替代性产品的威胁和市场内部竞争的激烈程度，由此可知该企业在未来市场中的地位及可能遭遇竞争对手反击的程度。

3．市场规模

市场规模大者，进入障碍相对较低，市场竞争激烈程度也会略微下降。若要进入的是一个十分成熟的市场，那么利润空间会很小，不值得再进入；若要进入的是一个成长中的市场，只要时机正确，必然会有获利的空间。

4．市场渗透力

对于一个具有巨大市场潜力的创业机会，市场渗透力评估将会是非常重要的。应该选择在最佳的时机进入市场，也就是市场需求正要大幅增长之际。

5．市场占有率

一般而言，要成为市场的领导者，最少需要拥有20%的市场占有率，若市场占有率低于5%，则这个新企业的市场竞争力就不高，自然也会影响未来企业上市的价值。尤其是具有赢家通吃特点的高科技产业，新企业必须拥有成为市场前几名的能力，才比较有投资价值。

6．产品的成本结构

从物料与人工成本所占比重之高低、变动成本与固定成本的比重以及经济规模产量大小，可以判断企业创造附加价值的能力以及未来可能的获利空间。

（二）效益评估准则

1．合理的税后净利

一般而言，具有吸引力的创业机会，至少需要能够创造15%的税后净利。如果创业预期的税后净利在5%之下，那么这就不是一个很好的投资机会。

2．达到损益平衡所需的时间

合理的损益平衡时间应该在两年之内达到，如果三年还达不到，恐怕就不是一个值得投入的创业机会了。当然，有的创业机会确实需要经过比较长的耕耘时间，通过前期投入，创造进入障碍，保证后期的持续获利，这样的情况可将前期投入视为投资，才能容忍较长时间的损益平衡时间。

3．投资回报率

考虑到创业面临的各种风险，合理的投资回报率应该在25%以上，而投资回报率在15%以下的项目通常是不值得考虑的。

4．资本需求

资本需求量较低的创业机会，投资者一般会比较欢迎；资本额过高其实并不利于创业成功，甚至还会带来稀释投资回报率的负面效果。通常，知识越密集的创业机会，对资金的需求量越低，投资回报反而会越高。因此，在创业开始的时候，不要募集太多资金，最好通过盈余积累的方式来积累资金，而比较低的资本额，将有利于提高每股盈余，并且还可以进一步提高未来上市的价格。

思考与练习

1. 如何识别一个创意是不是创业机会？
2. 如何判断创业机会的竞争力？

第三节　大学生创业实施

案例导入

小苗学的是无人机工程专业，毕业于某职业技术学院。毕业后，他顺利进入一家发展新型飞控技术的公司工作，因为专业对口而且勤奋努力，他很快就成为部门的骨干。小苗一直怀揣着自己创业的梦想，他发现无人机技术非常有发展前景。在公司工作了两年后，小苗辞去工作，开始自己创业。但是创业并没有想象中的那么容易，在付过房租、完成企业注册、购买完相应设备后，小苗发现手中的资金已经所剩无几，但是还有招聘人员、宣传促销等很多事情没有做，而这些都需要资金。小苗想到了风险投资，但是多次与风险投资机构和个人洽谈后都没有实质性的进展。每次会谈，小苗只是凭借三寸不烂之舌强调技术的广阔前景和自身技术的优势。不过，当对方问到市场需求量、一年的预期销售额、盈亏平衡点、投资回报率等问题的时候，小苗就无言以对了。

处处碰壁后，小苗发现了一份完整详细的商业计划书的重要性。于是，小苗把整个创业计划与实施方案通过商业计划书展示出来，再与风险投资机构洽谈时很快一拍即合，达成投资协议。

有了急需的资金，小苗的无人机应用创业计划得以顺利开展，小苗严格按照商业计划书实施运作，经过两年努力，公司顺利运转，实现盈利。

启示：

从以上案例可以看出，凡事预则立，不预则废。小苗的创业经历代表了很多创业者的困惑，他们对创业的基本流程不太熟悉，没有充分做好创业的准备。风险投资机构和个人之所以不愿意投资给小苗，原因就是小苗没有将企业的自身情况和综合能力有效展示给对方，而创业计划书恰恰可以帮助创业者解决创业中的种种问题。

小苗从资金匮乏到融资成功的过程，告诉大家创业计划书对于每个创业者来说都是至关重要的，创业计划书的制订和撰写是创业者必须掌握的创业技能。现实环境中，虽然有了创业计划书未必一定成功，但是对于想要成功创业的人来说，没有创业计划书就会困难重重。

创业是追梦的过程，也是点亮更多梦想的过程，但是要实现创业梦想并不容易。创业计划是创业过程的重要一环。如果想要成功创业，就需要充分的准备、缜密的计划，并努力付诸实践。

创业之前，一定要做一份商业计划书来审视一下你的创业想法。避免乐观、理性、客观地将你的商业设想落实于书面，才能更好地推进你的创业项目。硅谷著名的创业家和风险投资者盖伊·卡维萨基曾经说过："一旦他们将商业计划写到纸上，那些希望改变世界的天真想法就会变得实实在在且冲突不断。因此，文件本身的重要性远不如形成这个文件的过程。即使你并不试图去集资，你也应当准备一份计划书。"

一、创业计划书的作用

创业计划书又称"商业计划书"（Business Plan），是详细介绍创业项目的书面材料，对当前形势、预期需求以及新企业可能实现的结果进行描述。

创业计划书是引领创业的纲领性文件，是创业者的行动计划方案。

通过撰写创业计划书，能够帮助创业者思考创业过程中所遇到的重要问题，并找出创业计划存在问题的解决方案，帮助创业者将创业计划落实为创业的具体行动。创业计划书内容涉及项目运作的方方面面，能全程指导项目开展，会让创业者少走弯路；一份好的创业计划书，可以吸引各方利益相关者，跟投资人的沟通也能更加畅通、有效。

创业计划书具有重要作用，主要体现为以下两个方面。

（一）对内统一创业团队思想，明确公司发展战略

通过制订创业计划书，梳理创业项目，可以使创业者创业思路更加明确，创业方向和公司发展战略进一步明确。创业计划书一次次展示给创业团队成员，尤其是一些新加入的团队成员，在一次次地聆听"创业故事"中统一创业团队思想，为整个团队设定目标。在创业目标的引领下，创业团队一起努力工作，全力以赴地解决风险创业的各个细节。有一个经过深思熟虑的企划方案和目标，将大大增加创业成功的概率。

（二）对外获取资源，获得融资机会

没有一位投资人愿意投资给一个连自己想法都不能"落实纸上"的创始人。很多创业者写创业计划书的主要目的是给潜在的投资者或其代理人看的，帮助投资者了解自己的创业项目及自己团队运营该创业项目的优势。一份好的创业计划书有助于帮助企业建立可信度，尤其是在由大学、教育部、团中央以及一些基金组织举办的创业大赛中获奖的项目，更容易获得投资人的关注。

二、创业的基本流程

创业者如何创业？创业不单单是嘴上说说而已，做什么事情都有流程，创业也是。创业流程是什么？有哪些关键要素呢？

根据蒂蒙斯的创业模型，创业的关键要素包括创业机会、团队和资源，如图 8-1 所示。创业的流程可以概括为以下四步。

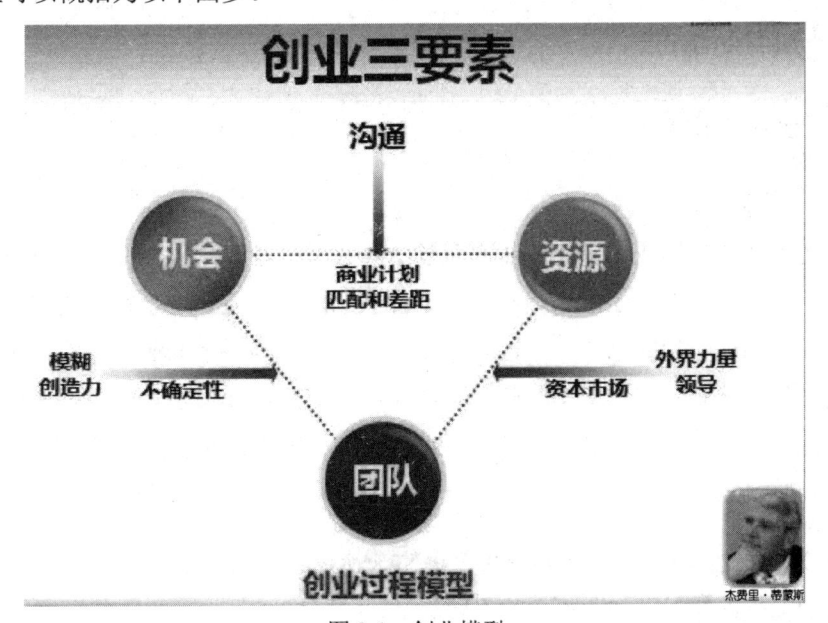

图 8-1　创业模型

（一）创业机会的识别、分析和判断

创业机会是创业过程的核心驱动力，创始人或工作团队是创业过程的主导者，资源是创业成功的必要保证。创业过程始于创业机会，而不是钱、战略、网络、团队或商业计划。开始创业时，创业机会比资金、团队的才干和能力及适应的资源更重要。通过对大量创业成功者的实例研究证明，选定好的创业项目是创业成功的前提和基础。选择创业项目，不仅要对自身的兴趣、特长、实力进行全面客观地分析，而且要善于发现市场机会、把握未来发展趋势。

（二）组建创业团队

创建一支优秀的创业团队，是创业之路的开始，是创业成功的重要保障。所以，创业团队的创建、团队的合作水平以及团队成员的素质决定着创业团队资源整合的效率，决定着创业成功与否。

（三）创业资源的整合

巧妇难为无米之炊，创业也是一样，发现创业机会之后，就需要整合相应的资源。从广义上来说，创业资源包括人员、资金、设备、技术等，但创业资源更多还是表现为创业资金的整合，创业必须有一定的资金，否则，创业活动就无法开展。但是由于创业者一般都缺乏资金，因此，筹集创业启动资金就成为创业者必须解决的一个重要问题。

（四）创业企业的初期管理

创业往往是通过组建企业的形式进行的，那么，如何有效管理新组建的企业，便成为创业成功的关键要素之一。

三、创业计划书的制订

（一）创业计划的梳理

1. 研讨创业构想

创业者要不断梳理创业计划，厘清创业目的是什么，创业要做什么、如何做，资金怎么找，创业团队怎么建，产品的市场营销怎么做等问题。创业构想是创业者在创业想法形成及实施过程中，对创业计划的思考、论证和分析。创业构想涵盖了创业计划的方方面面，在撰写计划前研讨创业构想时应该明确一些问题或原则。要让创业构想在创业企业日后的经营过程中发挥良好作用，创业者要确立正确的创业目标，找到适合的创业模式。

2. 梳理创业项目

通过表 8-1 创业计划九宫格所示的思维逻辑来梳理你的创业项目。

九宫格的三行内容代表创业计划的不同层次：

第一行的三项内容（市场问题、解决方案、用户定位）是基础：需求是主导，解决是核心。一切都要从"需求—解决"的思维模式上开展起来。

第二行的三项内容（市场规模、竞争优势、商业模式）是实现：当你可以评估市场有多大、为什么你们来做、你们如何去完成等一系列问题之后，创业项目就会逐渐明朗起来。

第三行的三项内容（收入描述、团队介绍、投资期待）是完善：在你们的项目对于财务、团队以及未来发展有着清晰的期待和设想时，项目发展也就变得更为可信、理性和完整。

表 8-1　创业计划九宫格

市场问题	解决方案	用户定位
市场规模	竞争优势	商业模式
收入描述	团队介绍	投资期待

（二）创业计划的信息搜集

创业计划中涉及的市场、客户、竞争对手、融资方式、创业资源等信息通过互联网、出版物、企业、会议资讯等渠道获取，可通过观察法、提问法、比较法、文献检索法等搜集所需信息。

（三）做好创业相关的市场调查

通过问卷、访谈、座谈、讨论、观察、写实等调查形式和手段对创业环境、竞争对手、消费者需求状况等信息展开调查。通过市场调查，对创业项目进行可行性分析。

四、创业计划书的撰写

创业者没有能力阐述清楚他们在做什么是一个大问题。

——（美）比尔·赖克特，车库科技创投
（Garage Technology Venture）联合创始人

一份完整的创业计划书包含封面、目录、执行概要、正文、附录五个部分，一般包含 9～10 项内容，需要用清晰明了的文本形式加以表达，大致的篇幅是 20～30 页。创业计划书的主要内容及其撰写技巧如下。

（一）封面

封面应明确创业项目的名称，体现企业的经营范围，同时以醒目的字体标示出创业计划书的标题，如《××企业创业计划书》。

封面上还应有企业名称、地址、电子邮件地址、电话号码、日期、主创业者的联系方式和企业网址（如果企业已建网站），这些信息放在封面的上半部分；如果企业有徽标或商标，应将其置于封面正中间；封面下部提醒读者对计划书的内容加以保密。

重要提醒：封面上留有计划书撰写者的联系方式，便于及时联系。

（二）目录

目录是正文的索引。目录可以自动生成，以显示一级、二级、三级标题为宜，并标有对应的页码。

（三）执行概要

执行概要也叫执行概览（executive summary），是创业计划书第一页的内容，也是整个创业计划书的概述，能让投资者快速对创业计划书有一个全面的了解，向读者提供他想要知道的新企业独特性质的所有信息。

最清晰简洁的执行概要是依序介绍创业计划书的各个部分，其中的章节顺序应与计划书中的顺序一致，每部分的标题以粗体字显示。

专家建议，如果撰写创业计划书的目的是筹集资金，则最好在执行概要中明确需要筹集的资金数额以及性质，如果是股权投资甚至可以明确不同投资额所占企业的股权比例，这样会更吸引投资者的关注，也更容易获得资金。

特别强调，执行概要并非创业计划书的引言或前言，恰恰相反，它是对整个创业计划高度精炼的概括，是整份计划书的精华和亮点，也是整份计划书的灵魂。执行概要的撰写应在完成创业计划之后，因为只有这样，才能形成对创业计划的高度凝练。

（四）正文

1. 公司概述

（1）概述；

（2）行业背景；

（3）企业发展目标及潜力，里程碑事件（如果有的话）；

（4）产品/服务的独特性。

2. 产品/服务

（1）产业分析：产业规模、成长速度和销售计划；产业结构及产业趋势。

（2）产品分析：突出产品/服务的核心价值。

（3）市场分析：市场参与者的性质；目标市场规模；目标顾客的描述与分析；市场容量和趋势的分析、预测；关键成功因素。

3. 创业团队与组织架构

（1）创业团队；

（2）法律方面——股权协议、雇佣协议、所有权；

（3）董事会、顾问、专业咨询人士。

4．研发计划、生产计划、营销计划

（1）总体营销策略（商业模式）；

（2）价格策略；

（3）销售过程。

5．竞争分析

对企业所面对的竞争格局进行分析，主要包括：市场中主要的竞争者有哪些？是否存在有利于本企业产品的市场空白？本企业预计的市场占有率是多少？本企业进入市场会引起竞争者怎样的反应，这些反应对企业会有什么影响？

竞争对手的公司实力、产品情况（种类、价位、特点、包装、营销、市场占有率等）以及潜在的竞争对手情况和市场变化分析。

通过上述描述向风险投资者展示自己的企业相对于各种竞争者具有哪些竞争优势。

6．财务分析

（1）资源需求分析；

（2）融资计划；

（3）财务报表及投资回报。

7．风险

创业风险主要有技术风险、市场风险、管理风险、财务风险、资源风险、研发风险、成本风险、政策风险、财务和管理风险等，企业对这些风险要有应对措施。

（1）潜在问题；

（2）障碍与风险；

（3）备选方案（退出机制）。

8．收获战略

（1）股权；

（2）战略的可持续性；

（3）明确传承者。

9．里程碑进度表

（1）时间表及目标；

（2）最后期限与里程碑事件；

（3）时间之间的联系。

（五）附录

1．企业营业执照；

2．审计报告；

3. 查新报告；
4. 用户报告；
5. 新产品鉴定；
6. 商业信函、合同等；
7. 相关荣誉证书等。

创业计划书是创业的行动导向和路线图，既为创业者行动提供指导和规划，也为创业者与外界沟通提供基本依据。创业计划书需要阐明新企业在未来要达成的目标，以及如何达成这些目标。创业计划要随着执行的情况而进行调整。

创业计划书写完之后，创业者要认真检查一遍，看看该计划书是否能准确回答投资者的疑问，争取投资者对本企业的信心。

思考与练习

我的创业计划书

1. 教师依据学生选择的创业项目，将学生分成若干个小组，请各小组派代表以演讲形式简单介绍该项目。教师在此环节可就各小组汇报内容提出若干针对性问题，请小组成员回答。
2. 教师引导学生探讨完成创业计划书应补充和完善的内容。
3. 要求小组学生课后针对各自的创业项目，参照所学的创业计划书制订流程，独立完成一份创业计划书，并在规定时间内提交。

第四节　大学生创业发展

案例导入

大伟在某职业技术学院读大三时，通过熟人与中国联通河北分公司一级代理商河北燕赵通信工程设备有限公司取得联系，并得知"燕赵"正准备推广通信校园卡业务。大伟认为如果发动老师、同学购买，赢利几乎唾手可得。

由于"燕赵"要求必须以公司为主体来签协议，大伟和几个同学在家长的帮助下，注册了河北梦天科技咨询有限公司，以该公司的名义与"燕赵"签署了《通信校园卡集团用户销售协议书》。

在同学和老师的宣传下，大伟的生意很红火，一共发展了4196名用户。大伟和"梦天"可从"燕赵"获得10余万元的回报。但是"燕赵"向大伟支付了2万元后，联通公司发现"梦天"递交的客户资料中有几百份是虚假的，有一部分根本不是校园用户，而是冒用别人的身份证，最终形成了大量欠费。"燕赵"为此赔偿联通442户不良用户的欠费52万余元，联通还扣减"燕赵"406 部个假用户和不良用户的手机补贴款 36 万余元。

"燕赵"将"梦天"及大伟起诉到法院，要求"梦天"及大伟承担上述赔偿款项，另赔偿"燕赵"406 个虚假、不良用户手机的补贴差价 6 万余元，未归还的手机价款 15 万余元和卡款 5100 元，总计 100 万元左右。经过一审和二审，法院认定大伟借用"梦天"公司名义与"燕赵"签订销售协议，协议书上是大伟的签名和"梦天"的公章，并无其他"梦天"公司的人员参与，故大伟与"梦天"公司共同承担 100 万元的赔偿责任。

由于"梦天"本来就是为这项业务成立的公司，加上经营亏损，已被吊销营业执照，大伟成了债务承担人。一分钱没挣到的大伟反背上了 100 多万元的债务。

启示：

大学生必须警惕在创业期间可能涉及的各种共性法律问题，主要包括：创业初始阶段的资金、设备场地以及办公场所等相关法律问题。大学生在初选创业项目的时候，必须规避国家法律明令禁止的类型。创业经营阶段应该在法律允许的范围内使用他人的知识产权。创业经营必然涉及市场主体间的各种交易行为，无论是从合同的订立到合同的履行，还是违约责任的承担，都与《合同法》关系密切。

初创企业的发展需要注意的问题基本集中在企业文化的形成与内涵、品牌维护和生存管理方面。

一、企业文化的作用

企业文化是企业中占支配地位的领导集体率领广大员工在长期的调查研究和工作实践基础上，经多年培育、维持而创建的精神财富和物质形态。其内含的价值观、行为规范、传统作风等核心因素来自组织，具有相对独立性和稳定性。同时，这些因素具有巨大的能动作用。

1. 划界作用。企业文化首先起着划清界限的作用，它能使一个企业与其他企业和组织区别开来。

2. 导向作用。企业文化能将全体员工的思想行为统一到组织发展目标上来，不仅对组织个体的心理与行为具有导向作用，而且对组织整体的价值取向和行为具有导向作用。

3. 凝聚作用。企业文化对员工具有潜移默化的作用，能使他们自觉或不自觉地接受组织共同的信念和价值观，从而把个人融入集体，使员工的归属感增强，凝聚力提高。

4. 激励作用。企业文化可使员工认识到自己组织的特点与优点，理解自己工作的意义和价值，进而产生热爱集体的荣誉感、自豪感，激发巨大的工作热情。

5. 稳定作用。企业文化是一种社会黏合剂，它通过为组织成员提供言谈举止的恰当标准，以及由此产生的认同感，使员工愿意长期留在组织中。

二、企业文化建设的主要内容

企业文化建设的内容主要包括物质层面、行为层面、制度层面和精神层面四个层次的文化。学习型组织的塑造是企业文化建设的宗旨和追求的目标，从而构成企业文化建设的重要内容。

（一）物质文化

这是产品和各种物质设施等构成的器物文化，是一种以物质形态加以表现的表层文化。

企业生产的产品和提供的服务是企业生产经营的成果，是物质文化的首要内容。企业的生产环境、企业面貌、企业建筑、企业广告、产品包装与设计等均为构成企业物质文化的重要内容。

（二）行为文化

行为文化是指员工在生产经营及学习娱乐活动中产生的活动文化，指企业经营、教育宣传、人际关系活动、文娱体育活动中产生的文化现象，包括企业行为的规范、企业人际关系的规范和公共关系的规范。企业行为包括企业与企业之间、企业与顾客之间、企业与政府之间、企业与社会之间的行为。

1．企业行为的规范是指围绕企业自身目标、企业的社会责任、保护消费者的利益等方面所形成的基本行为规范。企业行为的规范从人员结构上划分为企业家的行为、企业模范人物行为和员工行为等。

2．企业人际关系分为对内关系与对外关系两部分。对外关系主要指企业经营面对不同的社会阶层、市场环境、国家机关、文化传播机构、主管部门、消费者、经销者、股东、金融机构、同行竞争者等方面所形成的关系。

3．企业公关策划及其规范。

4．服务行为规范是指企业在为顾客提供服务过程中形成的行为规范，是企业服务工作质量的重要保证。

（三）制度文化

制度文化主要包括企业领导体制、企业组织机构和企业管理制度三个方面。企业制度文化是企业为实现自身目标对员工的行为给予一定限制的文化，它具有共性和强有力的行为规范的要求。它规范着企业的每一个人。企业工艺操作流程、厂纪厂规、经济责任制、考核奖惩等都是企业制度文化的内容。

1．企业领导体制是企业领导方式、领导结构、领导制度的总称。

2．企业组织机构是企业为有效实现企业目标而筹划建立的企业内部各组成部分及其关系。企业组织机构的选择与企业文化的导向相匹配。

3. 企业管理制度是企业为求得最大利益，在生产管理实践活动中制定的各种带有强制性义务并能保障一定权利的各项规定或条例，包括企业的人事制度、生产管理制度、民主管理制度等一切规章制度。

企业的制度文化是行为文化得以贯彻的保证。

（四）核心文化

核心文化是指企业生产经营过程中，受一定的社会文化背景、意识形态影响而长期形成的一种精神成果和文化观念。包括企业精神、企业经营哲学、企业道德、企业价值观念、企业风貌等内容，是企业意识形态的总和。

1．"参与、奉献、协作"的企业精神，是现代意识与企业个性相结合的一种群体意识。它是企业经营宗旨、价值准则、企业信条的集中体现，是构成企业文化的基石。通常通过厂歌、厂徽、厂训、厂规等形象地表现出来。

2．"以市场为导向"的企业经营哲学是指企业经营过程中提升的世界观和方法论，是企业在处理人与人、人与物关系上形成的意识形态与文化现象。它与民族文化、特定时期的社会生产、特定的经济形态、国家经济体制及企业文化背景有关。

3．"以人为本"的企业价值观是企业在追求经营成功过程中所推崇的基本信念和奉行的目标。它体现在处理股东、员工、顾客、公众等利益群体的关系中，包括利润价值观、经营管理价值观和社会互利价值观。

三、企业创始人与企业文化的形成

企业创始人对企业文化影响巨大，新企业的典型特点是规模比较小，有利于创始人把自己的愿景与企业所有成员分享。

企业创始人对企业文化形成的影响是通过以下三种途径实现的。首先，创始人仅仅聘用和留住那些与自己的想法和感受一致的员工；其次，创始人对员工的思维方式和感受方式进行灌输和社会化；最后，创始人把自己的行为作为角色榜样，鼓励员工认同这些信念、价值观和假设，并进一步内化为自己的想法和感受。

现代集团是韩国的企业巨人，它的企业文化在很大程度上是创始人郑周永的个人写照。现代集团激烈的竞争型风格以及纪律严明、高度权威的特色，也都是郑周永个人特点的体现。比尔·盖茨对微软的影响、弗莱德·史密斯对联邦快递的影响、理查德·布朗森对维珍集团的影响等，都充分显示出企业创始人对企业文化的影响。

四、企业文化的传承与发展

企业文化一旦建立，企业就会采取一系列措施使其得以传承和发展。在维系企业文化的过程中，员工甄选、管理活动和教育培训起着非常重要的作用。

1. 员工甄选

企业在招聘员工的时候，所雇用的人显著受到决策者对于求职者是否适合组织的判断的影响。这种试图确保员工与组织相匹配的努力，会使受聘员工的价值观与组织价值观大体一致，至少与组织价值观中的相当一部分保持一致。

2. 管理活动

高层管理者通过自己的举止言行建立起规范，并将其渗透到组织当中。例如，公司是否鼓励冒险；管理者应该给自己的下属多大自由度；什么样的着装是得体的；什么样的活动可以得到加薪、晋升或其他奖励；等等。

3. 教育培训

新员工入职后，许多企业都要通过教育培训帮助新员工适应组织文化。例如，星巴克的所有新员工都要通过培训学习星巴克的经营理念、价值观念、企业精神、团队意识等。通常情况下，适应企业文化的员工会受到奖励，而挑战企业文化的员工则会受到惩罚。

课堂实训

企业文化调研

【实训目标】了解企业的组织架构，熟悉企业文化的传递方式

【时间安排】课外+课上20分钟

【实训流程】

1. 教师介绍活动目的：通过企业网站，了解企业的组织架构、企业文化。

2. 教师将学生分成若干小组，每组4~6人。每组选择4~6个企业为调研对象，在课外完成调研，并进行交流，提炼出一个完整的调研报告。

3. 每组选出一个代表，在课堂上进行汇报，教师进行点评和总结。

五、品牌建设的步骤

企业的品牌建设是一个系统的工程，不是一蹴而就的。要想打造强势品牌，必须知晓、懂得并周密按照打造品牌的流程去规范运作，方能取得预期或较为理想的效果。品牌的打造一般要经过以下几个步骤。

（一）品牌调研

品牌调研是指负责品牌打造的工作人员对企业的品牌现状进行了解，或者对企业计划树立的品牌相关内容的资料进行搜集。对于已有品牌，主要是了解企业品牌的知名度、美誉度、代表意义等，其意义在于明确企业预期的状况及实际品牌所处状态，另外还需了解员工的品牌意识及对该品牌的理解程度。而对于企业计划树立的品牌应了解企业声誉、品牌产品或服

务的质量性能、在同行业中的地位、目标受众对品牌的关注、何种因素对目标受众的品牌意识最具影响力等。总之，品牌调研是发现品牌系统存在的问题或影响因素并对其进行全面了解。

（二）制订品牌设计计划

在通过品牌调研掌握了大量的情报资料，确定了品牌系统中存在的问题和影响因素之后，下一步工作就是制订品牌设计计划。品牌设计计划有长期战略规划、年度工作计划，也有品牌项目设计工作计划，品牌设计计划的制订主要是确定品牌打造目标、设计打造方案和确立设计内容及评估预算。

（三）品牌定位与设计

品牌定位与设计，就是依据品牌目标为品牌确立适当的位置，并进行具体设计。工作人员依据品牌设计计划开展工作，在综合考虑企业现状、竞争对手、社会公众等各种条件后进行品牌设计。品牌设计的主要内容应包括品牌外形设计、品牌 CIS 设计、品牌预期目标设定等。品牌设计要遵循科学的原则、采用科学的方法，并结合企业近期、远期目标、企业形象等影响要素。

（四）品牌推广

品牌设计完毕之后，就要对品牌加以推广。品牌推广指综合运用广告、公关、媒介、名人、营销人员、品牌质量等多种要素，结合目标市场进行综合推广传播，以树立品牌形象。品牌推广既要善于利用广告、公关等宣传手段，也要善于利用名人、事件等推动因素，把握品牌质量、品牌服务，树立长远发展战略。

（五）品牌效果评估

品牌效果评估与品牌调研这两个阶段的工作有相同之处，要利用市场调研搜集资料、获取信息，这两个阶段的工作首尾相接，品牌效果评估的主要工作内容是了解品牌打造工作是否按期、保质完成，是否达到了预期的效果，通过评估工作，还要确定工作中的问题，是否需要对品牌进行二次锻造，是否开展二期工程，等等。

六、初创企业品牌维护

企业品牌的建设不是一劳永逸的事情，不但需要企业用心塑造，而且需要企业坚持不懈地用心维护。其基本要求：围绕品牌资产目标，不断检查品牌资产情况，在此基础上加强推广宣传，提升企业品牌的知名度、美誉度，培养客户的偏好度和忠诚度。新企业在品牌维护时应注意以下两点：

1. 需要企业全体员工的积极参与。它不但要求全体员工对企业有高度的认同感和归属感，而且要以主人翁的态度工作，与企业同舟共济、荣辱与共。企业品牌的维护，还需要巩固和加强与目标客户的联系，吸引更多忠诚的品牌使用者。

2. 特别需要企业遵守诚信原则。品牌标志着企业的信用和形象，是企业最重要的无形资产。在市场经济条件下，环境每天都在不断地变化，谁拥有了诚信品牌，谁就掌握了竞争的主动权，就能处于市场的领导地位。

一个强大的品牌不是由创意打造的，而是由"持之以恒"打造的。品牌核心价值一旦确定，企业的一切营销传播活动都应该以滴水穿石的定力，持之以恒地坚持维护它，这已成为国际一流品牌成功的秘诀。

从横向坚持看：同一时期内，产品的包装、广告、市场营销、售后服务等都应围绕同一主题和形象。从纵向坚持看：不论是一两年，还是十年，品牌在不同时期的不同表达主题都应围绕同一品牌核心价值。

七、初创企业品牌营销

品牌营销的关键点在于为品牌找到一个具有差异化个性、能够深刻感染消费者内心的品牌核心价值，它让消费者明确、清晰地识别并记住品牌的利益点与个性，是驱动消费者认同、喜欢乃至爱上一个品牌的主要力量，如图8-2所示。

图 8-2　品牌营销

品牌营销的前提是产品要有质量上的保证，这样才能得到消费者的认可。品牌建立在有形产品和无形服务的基础上。有形是指产品的新颖包装、独特设计以及富有象征吸引力的名称等。而服务是在销售过程当中或售后服务中给顾客满意的感觉，让顾客体验到做真正"上帝"的幸福感，让他们始终觉得选择买这种产品的决策是对的。

企业的生存之道，要紧紧围绕企业品牌推广策略，无论何种营销方式，都是对自己企业品牌的植入传播，而网络时代为企业品牌的发展提供了更广阔的空间，同时也提供了全新的传播形式，尤其在WEB2.0时代，网络已经成为品牌口碑传播的阵地。

网络营销为初创品牌建设提供了一个绝好的机会，利用网络建设品牌，不仅低投入、高回报，而且具有覆盖面广的特点。初创企业想要使用网络构建品牌，需要遵循以下几大原则。

1. 清晰的品牌诉求

初创企业在构建品牌时，先要明确企业想要构建哪种品牌文化，为建设品牌营造一个良好的开端。品牌故事、品牌文化、品牌精神等都是品牌诉求，想要做好品牌建设需要一个具有系统性且清晰的品牌诉求。每一个品牌的生命周期都包括诞生、成长、成熟这三个阶段，所以要在最短的时间由内到外向消费者传达品牌的价值以及能够带给消费者何种利益，直接向消费者阐述品牌观点，这就是品牌的理性诉求，也被称为功能性诉求。

2. 网站定位要准确

很多初创企业网站的定位模糊，不清晰，导致网站不被用户所了解。网站的定位要以市场需求作为目标。有市场需求，证明有用户搜索相关信息，满足了用户需求的同时，企业更可以向消费者推销自己，进一步加强品牌文化的建设。同时，还需分析竞争对手网站的规模和特点，针对对方的不足，以此来完善自己的网站，也可以借鉴竞争对手网站的突出点，更进一步突出自己企业网站的优势。

3. 制定品牌传播策略

初创企业在制定品牌传播策略时，需要特别注意的是，品牌的建立绝非一朝一夕，品牌的建设有赖于企业长久地坚持与推广。企业在进行品牌建设时，不应只着重于眼前利益，而是将品牌的长远发展作为出发点。

课堂实训

消费调查访谈

【实训目标】了解人们的消费习惯和消费方式，理解不同销售策略的消费行为基础

【时间安排】课外+课上 20 分钟

【实训流程】

1. 教师介绍活动目的，即调查人们对某些产品（与学生所学专业相关的产品）的消费习惯和消费方式。

2. 教师将学生分成若干小组，每组 4~6 人。学生在课下分组进行消费调查和讨论，最终得出结论。

3. 每个小组选出一个代表，在课堂上进行汇报，由教师进行点评和总结。

提示：学生应认真准备和设计访谈提纲。设计访谈提纲时，要对可能的答案进行预想，访谈形式可以多样化，注意控制访谈时间。

八、初创企业管理的特殊性

（一）初创企业的界定

通常把处于创立初期和发展期的企业界定为初创企业。创立初期和发展期对于初创企业能否生存和健康成长至关重要，既关系到创业的成败，又关系到企业今后能否持续发展。

如表 8-2 所示，与成熟企业相比，初创企业有如下特点：初创企业是超常规发展；初创企业具有高成长性和高风险性；初创企业具有较强的灵活性和创新能力；等等。

表 8-2 初创企业和成熟企业管理特点的比较

管理特点	初创企业	成熟企业
风险程度	不确定性、高风险	经营稳健、低风险
主导策略	基于生存和发展的机会导向	基于强化内部控制的经营导向
驱动因素	商机驱动	资源驱动
关注焦点	销售收入和现金流	顾客维持与内部效率
管理团队	创业者个人或小规模的团队	职业化的管理团队替代企业家团队
管理模式	信任与合作基础上的松散管理	建立完善的管理机制与控制系统
创新来源	依赖个人创新	系统的组织创新
风险承担	最大限度地规避风险	能够适度承担风险
外部环境	高度不确定，至少创业者感觉如此	不确定性基本在可控制的范围内

（二）初创企业管理的特殊性

1. 初创企业的管理以"生存"为首要目标

据统计，全球每年有高达 70%的创业公司在成立两年内倒闭。中国工商总局曾发布的全国内资企业生存时间分析报告显示：成立 3 年的企业死亡率最高。截至 2021 年年底，2019 年后成立的公司死亡数量（已关闭状态）为 406 家，其中 2019 年成立的公司死亡量占比为 90.6%。"3 年生死劫"，代表了很多初创企业难以顺利熬到第三年的窘境。中央电视台《致富经》发布的《2018—2019 年度中国百姓创业致富调查报告》指出：创业要关注两年盈利的现象，两年之内不能盈利的初创企业就很有可能被淘汰掉，这与创业者的忍受力和资金限度是有关系的。

因此，初创企业成立的前两年，首要任务就是要在市场上找到立足点，千方百计使自己生存下来，不要被市场所"消灭"。在这一阶段，生存是第一位的，基本目标是要想方设法把自己的产品或服务销售出去，尽快实现盈亏平衡，争取正的现金流。在初创阶段，亏损、赚钱，又亏损，又赚钱的状况可能要反复经历多次，直到最终持续稳定地赚钱，才算是度过了创业的最初阶段。在"死亡地带"内，一切围绕生存而运作，应避免一切危及生存的做法，最忌讳的是在初创阶段提出不切实际的扩张目标，盲目铺摊子、上规模。

2. 新企业主要依靠自有资金创造正现金流

现金流是指一定时期企业的现金和现金等价物的流入和流出的数量。现金流一旦出现中断，企业就将发生偿债危机，可能导致破产。对初创企业而言，由于融资条件苛刻，很难从商业银行获得贷款，只能主要依靠自有资金运作来创造正现金流。

现金对企业来说就像人的血液，企业可以承受暂时的亏损，但不能承受现金流的中断。根据《2019 创业者生存报告》，受访创业者中有六成选择主要用自己的钱创业，另有超过三成的创业者选择接受外部天使投资作为自己的第一笔创业资金。此外，在 2018 年和 2019 年的调查中，均没有人选择用政府提供的资金创业。

正是由于创业初期企业的资金流主要来自自有资金，因而在自有资金有限的情况下，努力控制成本、想方设法节约开支不失为上策，创业者应当思考并学会"抠门"的理财之道，能省就省，千万别把浪费当大方。

"节流"的同时更应当想方设法去"开源"。比如，可以采取各种营销优惠或价格折扣获得顾客的预付款，与供应商协商延长付款期限等，来增加应付账款和减少应收账款，尽量实现"早收账，迟付账"；集中力量抓最畅销的产品和服务，尽快实现资金回笼；采用科学规划库存量、合理避税、优化供应链等措施来创造正现金流。

3．初创企业实行充分调动"所有的人做所有的事"的群体管理

企业在初创时，尽管建立了正式的部门结构，但很少有按正式组织方式运作的。典型的情况是，虽然有名义上的分工，但运作起来是哪儿急、哪儿紧、哪儿需要，就都往哪里去。这种看似的"混乱"，实际是一种高度"有序"的状态。每个人都清楚组织的目标和自己应当如何为组织目标做贡献，没有人计较得失，没有人计较越权或越级，相互之间只有角色的划分，没有职位高低的区别，这才叫作团队。这种运作方式能够培养团队精神、奉献精神和忠诚度。

在初创阶段，创业者必须尽力使新事业部门成为真正的团队，否则创业很难成功。这种在创业时期锻炼出来的团队领导能力，是创业者将来领导大企业高层管理班子的基础。

诸多创业培训机构都较为推崇"唐僧团队"的概念，认为唐僧就是最好的创业团队的领导者，他虽然本人没有什么非凡的本领，却意志坚定，使命感很强，而其他成员能够优势互补、有统一的目标，并能在唐僧的带领下发挥每个人自己的效用，最终取得辉煌的成就。

4．初创企业是"创业者亲自深入运作细节"的管理

经历过创业初期的创业者大都有过这样的体验：曾经直接向顾客推销产品；亲自与供应商就折扣进行谈判，亲自到车间里追踪顾客急需的订单；在库房里卸货、装车；跑银行、催账；策划新产品方案；制订工资计划；曾被经销商欺骗；遭受顾客当面训斥；等等。由于创业者对经营全过程的细节了如指掌，才能将生意越做越精。

亲自深入运作细节的管理并不意味着管理者必须方方面面都兼顾。无疑，管理者的精力大部分应当放在"大事"上面：战略、产品、市场、员工……但一些重要的运作细节还是需要创业者列入日常管理工作中来的，要根据企业、产品、客户的具体情况，在特定的时间段，判断哪些方面的细节至关重要，即确定几个关键的控制细节，全程参与，亲自管理。比如，客户的意见及投诉、产品的测试效果、与供应商的联系与谈判、底层员工的反馈等。

当然，随着企业的逐步发展，创业者不可能再亲自参与企业运营的每个环节，授权和分权则成为必然。

九、初创企业的危机管理

（一）企业危机管理的概念及特征

危机管理是企业为应对各种危机情境所进行的规划决策、动态调整、化解处理及员工培训等活动，其目的在于消除或降低危机所带来的威胁和损失。具体而言，危机管理的主要内容是：识别和预测企业内部及其外部环境中可能存在的将对企业产生潜在危机的一些薄弱环节和不确定因素，采取有效行动和手段防止企业危机的发生；一旦企业危机发生，企业能有效应对和处理，使危机对企业造成的潜在损失降至最低，并从危机管理过程中找到企业进一步发展的机遇。

在大众媒介尤其是互联网高速发展的今天，对于危机的管理意识和能力是初创企业乃至成熟企业能否继续生存和发展的重要前提。对一个企业来说，可以称为企业危机的事件是指企业面临的与社会大众或顾客有密切关系且后果严重的重大事故，而为了应付危机的出现在企业内预先建立防范和处理这些重大事故的体制和措施，则称为企业的危机管理。

（二）初创企业危机管理的基本原则

1．制度化原则

危机发生的具体时间、实际规模、具体态势和影响深度，是难以完全预测的。这种突发事件往往会在很短时间内对初创企业或品牌产生恶劣影响。因此，企业内部应该有制度化、系统化的有关危机管理和灾难恢复方面的业务流程和组织机构。国际上一些大公司在危机发生时往往能够应付自如，其关键之一是制度化的危机处理机制，从而在发生危机时可以快速启动响应机制，全面而井然有序地开展工作。因此，初创企业应建立明确的危机管理制度、有效的组织管理机制、成熟的危机管理培训制度，逐步提高危机管理的快速反应能力。

2．诚信形象原则

企业的诚信形象，是企业的生命线。危机的发生必然会给企业诚信形象带来损害，严重的话，会给稚嫩的初创企业带来灭顶之灾。矫正形象、塑造形象是企业危机管理的基本思路。在危机管理的全过程中，企业要努力减少对企业诚信形象带来的破坏，争取公众的谅解和信任。只要顾客或社会公众是由于使用本企业的产品而受到了损害，企业就应该在第一时间向社会公众公开道歉以示诚意，并且给受害者相应的物质补偿。对于那些确实存在问题的产品应该不惜代价迅速收回，立即改进企业的产品或服务，以尽力减少影响，赢得消费者的信任和忠诚，维护企业的诚信形象。假如，某4S店在面对女客户维权的最初阶段就采取妥善的处理方式，及时退款或补偿客户的损失，在媒体面前展现一个负责任的大品牌形象的话，就能及时挽回消费者对品牌的信任和企业社会责任感的认同，也就不会导致后来的巨大损失了。

3. 预防原则

防患于未然永远是危机管理最基本和最重要的要求。危机管理的重点应放在危机发生前的预防，预防与控制是成本最低、最简便的方法。为此，建立一套规范、全面的危机管理预警系统是必要的。现实中，危机的发生具有多种前兆，几乎所有的危机都是可以通过预防来化解的。危机的前兆主要表现在产品、服务等存在缺陷，初创企业核心团队人员流失，企业负债过高，销售额连续下降等，因此，初创企业要从危机征兆中透视企业存在的危机，企业越早认识到存在的危机并越早采取适当的行动，就越可能控制危机的发展。

4. 初创企业核心管理层重视与参与原则

初创企业核心管理层的直接参与和领导，是有效解决危机的重要措施。危机处理工作对内涉及从后勤、生产、营销到财务、法律、人事等各个环节，对外不仅需要与政府和媒体打交道，还需要与消费者、客户、供应商、渠道商、股东等方方面面进行沟通。由于中国初创企业更趋向于人治，核心管理层的不重视往往会直接导致整个企业对危机麻木不仁、反应迟缓。因此，初创企业应组建企业危机管理领导小组，担任危机领导小组负责人的一般应该是创业团队的主要负责人或者具有决定权的核心人物。

5. 快速反应原则

解决危机的关键是速度。危机降临时，当事人应冷静下来，采取有效的措施，在第一时间查出危机出现的原因，找准危机的根源，以便迅速、快捷地消除公众的疑虑。同时，企业必须以最快的速度启动危机应变计划并立刻制定相应的对策。如果是内因就要尽快下决心处置相应的责任人，给舆论和受损者一个合理的交代；如果是外因就要及时调整企业战略目标，重新考虑企业的发展方向。

6. 创新性原则

知识经济时代，创新已日益成为企业发展的核心因素。危机处理既要充分借鉴成功的处理经验，也要根据危机的实际情况，尤其要借助新技术、新信息和新思维，大胆创新。在自媒体快速发展的今天，初创企业更要充分认识自媒体的特点，认识自媒体对企业危机所造成的影响和后果远不同于传统媒体时代；同时也要注意处理危机的策略，充分利用网络舆情监测工具，善于占领自媒体平台，获得发言权，实现自媒体在转化矛盾方面的突出作用，从而提高企业处理危机公关问题的能力。

思考与练习

1. 人们在购买产品时，通常会考虑哪些因素？
2. 实体门店销售应该注意哪些问题？
3. 网店销售应该注意哪些问题？